요즘 팀장은 이렇게 일합니다

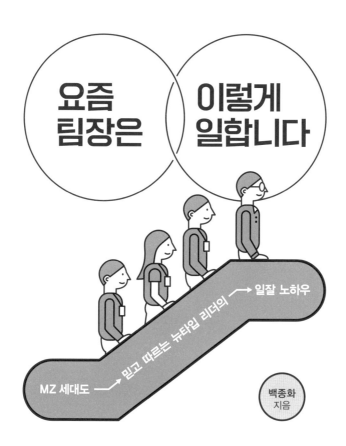

요즘
팀장은

이렇게
일합니다

MZ 세대도 → 믿고 따르는 뉴타입 리더의 → 일잘 노하우

백종화
지음

중앙books

사표 낸 팀원에게
팀장은 어떤 말을 해야 할까?

누구나 팀원들에게 인정받는, 성공하는 팀장이 되고 싶을 것이다. 하지만 현실은 쉽지 않다. 처음 팀장이 되었을 때는 어떻게 해야 할지 몰라 두려움이 앞서기도 하고, 적응도 하기 전에 팀원의 사표를 받는 분도 있다. 나 또한 그런 경험들을 겪으며 지금까지 일해왔다. 돌이켜보면 팀장이 어려운 이유는 다른 데 있지 않다. '나 혼자서 다 해야지, 내 생각이 맞을 거야'라는 생각에서부터 보통 문제가 시작된다.

리더는 스스로 일해서 성과를 내는 사람이 아니라 다른 사람을 통해 성과를 내는 사람이다. 다른 사람에게 일을 잘 맡겨서 그 일을 성공하도록 만드는 게 일 잘하는 리더다. 우리가 이야기하는 리더의 범위는 아주 넓다. 팀장, 매니저, 선배, 점장, 지역장, 파트장, 본부장, 임원, 대표 등이 모두 리더에 포함된다. 이런 리더들은 자신의 권한과 영향력을 발휘해서 구성원을 통해 성과를 만들어 낸다. 그래서 구성원들이 달성한 성과의 합, 즉 주어진 목표에 대비해 조직이 이룬 성과가 리더의 성과가 된다.

누군가는 '리더는 성과만 내면 되는 것 아니냐'고 반문한다. 하지만 당장 여러분의 회사를 떠올려 보자. 성과 잘 내고, 잘나가는 임원 중에 '좋다, 훌륭하다'는 평가를 내리기 어려운 분들이 꽤 있지 않은가? 반대로 정말 좋은 리더인데, 어느 순간 한직으로 밀려나거나 보이지 않는 이들도 있다.

팀원을 성장시키는 팀장 vs. 도구로 이용하는 팀장

그렇다면 리더 중에서도 제대로 성공했다고 인정받는 팀장을 가르는 기준은 어떤 것일까? 내가 이야기하고 싶은 주제는 바로 우리들이 직장 생활을 하면서 가장 많이 접하게 되는 첫 번째 리더인 '팀장의 리더십'에 대해서다. 기업마다 팀장의 역할에 대한 정의가 다르겠지만, 나는 팀장이 회사의 목표를 달성하기 위해 팀의 목표를 설정하고 달성하는 성과적 측면과 팀원들의 역량을 끌어올려 성장하고 성과 내도록 하는 인재적 측면이 있다고 정의한다. 이 책은 그중 인재적 측면의 팀장의 역할에 대해 초점을 맞췄다.

팀장은 직접 실무를 하기도 하지만, 기본적으로 사람 즉, 팀원들을 통해 성과를 만들어 낸다. 어떤 팀장은 팀원을 '성장'시켜서 성과를 만들어 내고, 또 다른 팀장은 그 사람을 '도구'로 사용해 성과를 만들어 낸다. 물론 모든 팀장은 아마 이렇게 항변할 수 있다. "나는 후배나 부하 직원을 도구로 생각한 적 없다!"라고.

하지만 이 말에 대한 정확한 답은 팀장이 아닌, 팀원들이 할 수 있다. 인정받는 팀장이라면, 말 그대로 팀원들에게 인정을 받고 있을 테니까.

반면 사람을 도구로 사용하는 팀장은 성과만을 목적으로 둔다. 팀원은 그저 목표 달성을 위해 전략을 실행하는 장기짝 같은 존재다. 물론 성과를 위해 팀원을 활용하다가 그 팀원이 뛰어나서 스스로 성장하는 경우도 있다. 결과가 같은 것 아니냐고 할 수도 있지만 팀원이 느끼는 차이는 분명하다. 팀원은 나를 자신의 성공의 도구로 사용하는 팀장과 나를 성장시키고, 성공시켜주려는 팀장을 자연스럽게 구분할 수 있는 법이다.

'그만두지 마라'는 팀장의 진짜 속내

예전에 이전 직장에서 가깝게 지낸 후배 A가 최근에 "힘들다"며 연락을 해온 적이 있었다. A는 신입사원 때부터 10여 년 다닌 회사를 그만두고 스타트업으로의 도전을 준비하고 있었다.

그런데 퇴사의 뜻을 회사에 알렸더니, 몇몇 상사들이 적극적으로 퇴사를 말렸다는 것이다. 만류하는 상사의 말을 들은 A는 처음에는 미안한 마음이 들었다고 한다. 학벌을 비롯해 다른 사내 인재들에

비해 내세울 것이 많지 않다고 생각했던 자신을 팀장 위치까지 승진하게 해주고, 인정과 기회를 준 회사에 이래도 될까 하는 생각이 든 것이다.

게다가 회사 경영진은 지금보다 더 높은 직책으로의 승진을 A에게 제안했다고 한다. A는 그런 경영자에게 퇴사를 이야기하는 것이 정말 어려웠지만 새로운 도전을 위해 결심을 내린 상황이었다. 그런데 퇴사를 말리는 상황이 길어지자 A는 혼란스럽다고 토로했고, 자초지종을 들은 나는 이렇게 되물었다.

"그분들이 너의 성장을 진심으로 바란다면 어떻게 말했을까?"

그러면서 A에게 내 이야기를 들려줬다. 나 역시 16년간 잘 다니던 첫 번째 회사에서 새로운 도전을 하려고 퇴사를 했었다. 감사하게도 많은 분들이 응원해주셨지만, 이렇게 말씀하신 분도 있었다.

"지금 나가면 고생만 할걸? 아직 성공 경험이 적어서 실패할 확률이 높은데, 여기서 더 경험을 쌓는 게 좋지 않을까."

처음에는 나를 위한 조언이라고 생각했다. 그런데 돌아보면 그분의 이야기는 내가 퇴사를 할 경우 드러날 자신의 리스크 때문에 퇴사를 막으려는 형식적인 것이었다. 당시 나의 직전 보직이 그룹 부회장님 비서실장이었고, 당시에도 그 과업을 겸직하고 있었다. 그만두면 그분에게도 업무적으로 영향이 미치는 상황이기도 했었고, 인사실장이라는 직책에서 내가 퇴사를 하게 되면 어찌 되었든 구성원들에게 메시지가 갈 수 밖에는 없는 상황이기도 했었다.

반면 나를 잘 이해해주시던 리더 분들은 같은 시기에 이렇게 조언해주었다.

"퇴사를 한 직원들은 스스로 노력하면서 빨리 성장하더라. 너도 처음 이직하면 그런 경험을 할 텐데, 밖에서 얼른 성장해서 우리 회사에 다시 돌아와라."

그분 역시 내가 그만두면 일이 늘어날 수밖에 없는 상황이었음에도 그렇게 조언해주신 것이다. 참 감사한 일이다.

A는 내 이야기를 쭉 듣더니 씁쓸하다고 말했다. 자신이 의심한 대로 퇴사를 말리는 상사의 말이 자신을 위한 조언이 아니라는 걸 확신했다는 것이었다. 그리고 고민하며 겨우 운을 뗐던 퇴사하겠다는 결심을 더 단호히 할 수 있겠다고도 말했다.

이렇듯 구성원들에게 리더의 속내는 생각보다 쉽게 탄로 난다. A의 퇴사를 말린 리더에게 A는 그저 자신의 성과를 이뤄주는 도구였다. 결국 리더가 아무리 자신의 속내를 감추고 잘 해주려고 해도 결정적인 순간에 '누구를 위한 의사결정을 하느냐'에 따라 그 진심은 나타나기 마련이다.

'진짜' 리더는 목표가 다르다

그럼 팀장이 팀원을 성장시켜 가면서 일해야 하는 이유는 무엇일까? 두 가지 이유가 있다.

첫째, 팀원의 '인정 욕구'를 충족시켜주기 때문이다. 팀장은 인간이라면 누구나 가지고 있는 인정 욕구를 채워줘야 한다. 나를 성장하게 해주고, 성공으로 이끌어 준 팀장이라면 당연히 따를 수밖에 없다. 나 또한 지금까지 기회를 줬던 팀장님, 내가 성장할 수 있도록 자신의 시간을 투자해준 경영자님, 부족하지만 끝까지 믿어주면서 회사의 중요한 프로젝트를 믿고 맡겨주셨던 분들을 아직도 기억하고 있고, 그분들의 연락이 오면 다른 일들을 미루고서라도 더 열심히 보탬이 되어 드리려고 노력한다.

마찬가지로 팀원은 자신을 알아봐주고, 인정해주고, 나아가 기회를 준 사람에게 고마움을 느끼고 기꺼이 그 사람을 위해 일한다. 심지어 이런 팀원들은 당장 지금만 함께 하는 팀원이 아닌, 평생의 동료가 될 수도 있다. 나처럼 말이다.

둘째, 단순히 일의 성과가 아니라 팀원을 또 다른 리더로 길러낼 방법을 알게 되기 때문이다. 다양한 구성원을 성장시키는 경험을 반복하다 보면 팀이 성과 내는 걸 넘어 각 사람을 팀장으로 길러내는 경험과 지식을 얻게 된다. 나는 이 경지에 이른 팀장들을 '진짜 리더'라고 부른다. 그들의 특징은 자신보다 뛰어난 다음 세대를 만들어 내는 것이다.

조직에서 가장 중요한 역할을 하는 사람은 누구일까? 어떤 이는 성과를 내는 사람이라고 이야기하지만, 나는 성과 내는 사람은 아무리 잘해야 A급이라고 말한다. A급 위에 있는 S급이 되기 위해서는 자신보다 더 뛰어난 후배를 양성하는 사람이 되어야 한다. S급의 인재는 자신의 빈자리가 보이지 않는다. 더 높은 직책으로 승진을 하거나, 이직을 하더라도 자신을 대체할 수 있는 더 뛰어난 후배들이 있고, 그들이 성장하면서 다른 후배들을 성장시키고 있기 때문이다.

조직에서는 어떤 사람을 중요하게 여겨야 할까? 현재의 성과를 만들어 내는 사람일까? 아니면 구성원들이 성장하고 성공하도록 도우면서 조직 전체가 성장하도록 만들어 가는 사람일까?

답은 분명하다. 이처럼 팀원을 성장시키면서 조직의 성과를 달성하는 팀장은 참 매력적이다. 그런데 한 가지 더 챙겨야 할 것이 있다. 바로 팀장 자신이다. 나 역시 팀장이 처음 되었을 때 두려움이 앞섰다. 리더 역시 구성원 중 한 명이고 사람이기에 두려움을 가지게 된다. 그래서 좋은 팀장, 팀원들을 성장시키고 성공시키는 탁월한 팀장이 되기 위해서는 팀장 스스로가 먼저 제대로 일할 동기를 찾는 것이 우선되어야 한다.

이 책에서 나오는 내용들은 내가 직접 겪은 경험과 함께 고민을 나눈 분들의 이야기에서 얻은 깨달음이 담겨 있다. 제대로 성공하는 팀장이 되기 위해 구성원과 조직, 팀장 자신을 챙기는 법을 담았다. 열심히 회사 생활을 하다 보니 어느덧 팀장으로 승진한 당신에게 이 책이 실질적인 도움이 되길 바라고, 어느 순간 팀장이 되어 있을 팀원들에게도 작은 도움이 되길 바란다.

참, 이 책을 제대로 읽으려면 펜이 필요하다. 각 장의 마지막에는 생각해 볼 주제와 함께 실제로 적용해 볼 수 있는 방법을 기록하는 'Leader's Plan'을 마련했다. 질문은 행동을 변화시키고 나를 성장시키는 힘이 된다. 다음 장으로 넘어가기 전에 잠시 나에게 도움이 될 내용을 되짚어보고, 그것을 내 삶에 어떻게 적용할 것인지 직접 써보면 좋겠다.

과거의 리더십이 아닌 요즘 시대의 리더십은 지금 팀장이 만들어가야 한다. 그리고 조직을 위한 리더, 팀을 위한 리더가 아닌 팀원을 위한 리더가 바로 지금 시대에 필요한 리더십이 아닌가 생각해 본다. 구성원을 성장하고 성공하게 만들면서 나아가 당신의 사람으로 만드는, 진짜 성공하는 팀장이 되기를 진심으로 응원한다.

백종화

책을 읽기 전과 읽은 후에 아래 질문에 답해보자.

Q. 이 책을 통해서 내가 얻고자 기대하는 것은 무엇일까?

Q. 이 책을 읽은 후 기억에 남는 문장은 무엇인가?

Q. 그 문장이 기억에 남는 이유는 무엇일까?

Q. 이 책에서 가장 적용하고 싶은 Action Plan은 무엇인가?

차례

4장

5장

"인생에는 한 가지 규칙이 있다.
여러분이 성장하고 있지 않다면 사실은 죽어가는 중이라는 것이다."

— 루 홀츠(NCAA의 전설적인 코치) —

1장

팀장은
뭐하는 사람일까?

정답이 없는
시대

나는 지금 어떤 시대를 살고 있을까? 팀장 리더십에 대한 글을 쓰면서 문득 든 질문이었다. 모든 것을 컴퓨터와 모바일로 할 수 있는 시대가 되었고, 지갑을 들고 다니지 않아도, 백화점이나 매장에 방문하지 않아도 내가 원하는 상품과 서비스를 구입할 수 있고, 집 앞에서 받아볼 수 있는 시대가 되었다.

우리의 생활은 이렇게 많이 바뀌었는데, 우리의 직장 생활은 어떻게 바뀌었을까? 우선 환경이 급격히 변화했다. 가장 큰 것은 회사에 출근하지 않아도 일을 할 수 있게 되었다는 것이고, '줌'이나 '행아웃'과 같은 온라인 도구들을 사용해서 소통을 하는 것에도 익숙해지고 있다.

일하는 방식이 달라진 시대

그럼 우리들의 일하는 방식에도 변화가 있을까? 환경의 변화에 따라 고객이 변화하고 고객의 변화에 따라 일하는 방식도 바뀌게 된다. 그런데 지금 우리들이 살고 있는 시대는 모든 변화가 복합적으로 들어오고 나가는 과도기적 혼란의 시대라고 부를 수 있다. 이것을 흔히 '예측 불가능한 시대, VUCA'라고 부른다. VUCA는 4가지 단어로 이루어져 있다.

- Volatility(변동성): 변화의 추이를 예측할 수 없고, 예고 없이 극단적으로 환경과 상황이 변화
- Uncertainty(불확실성): 현재는 실제 경험하기 전까지는 그 무엇도 알 수 없는 예측 불가능한 모습
- Complexity(복잡성): 하나의 상품, 비즈니스가 아닌 다양한 상품, 비즈니스, 회사, 직무 그리고 고객이 엮여 있는 복잡한 모습
- Ambiguity(모호성): 보는 관점에 따라 다양한 방식으로 해석할 수도 있는 모호한 정보, 상황, 이슈 등

VUCA의 시대를 이야기하기 전에 그전 시대는 그럼 무슨 시대였는지를 생각해볼 필요가 있다. 나는 2004년에 처음 회사에 입사하고, 2007년 10월 처음으로 팀장이 되었다. 그룹 교육팀 (HRD)의 신입, 경력 입문과정 팀장이 되어 그룹의 공채 신입사원들과 경력

직으로 입사하는 모든 직원들의 교육을 책임지는 자리였었는데, 그 자리에 횟수로 입사 4년 차에 발탁이 되었다. 팀장이라는 자리, 거기에다 그룹에서 가장 중요하게 여기는 교육 과정의 팀장을 맡아야 한다는 부분에서 두려움이 생겨 내 리더였던 실장님에게 '저는 아직 준비가 안 된 것 같다'라는 말씀을 드렸더니 돌아온 답은 '괜찮아. 내가 도와줄 거고, 이미 콘텐츠와 커리큘럼이 다 있어서 실행하면서 바꾸면 돼. 그러니 해봐'였다. 결론적으로 이미 어느 정도 답이 나와 있으니 해도 된다는 의미였다.

당시의 시대는 그랬다. 이미 리더들은 답을 알고 있는 시대였고, 그 답을 팀원들에게 전달(Communication)하며 제대로 실행하도록 지시하고 감독을 잘하면 되는 시대였다. 고객과 시장 환경의 변화가 크지 않았고 예측이 가능한 시대였기 때문이다. 그러다 보니 리더들은 자신들이 가진 고급 정보, 국내외의 외부 사례들을 바탕으로 답을 찾고, 방향을 제시하면서 '내 말이 정답이야'라고 외칠 수 있는 시대였다.

하지만 지금은 모든 것이 달라졌다. 흔히 이야기되던 고급 정보는 인터넷에 많이 올려져 있고, 국내외의 외부 사례들 또한 책으로, 유튜브로, VOD 영상이나 개인의 SNS에 널리 공유되어 있다. 과거 누가 고급 정보를 가지고 있느냐의 시대에서 나에게 필요한 정보를 누가 빨리 찾느냐의 시대가 되었다고나 할까? 그러다 보니 리더들이 이야기하는 답들이 과거의 정보가 되었고 사례가 되어 버렸다. 더 최근 정보와 사례들을 팀원인 MZ 세대들이 가지고 있다. 그 이유는 MZ 세대들이 리더들보다 모바일과 온라인 속에서 더 빠르게 정보를 습득하는 방법들을 알고 있기 때문이다. 우리가 살아가는 이런 시대를 나는 '정답이 없는 시대'라고 부르고 싶다.

정답이 없는 시대에 필요한 코치형 리더

그런데 세상에서 정답을 알고 있는 사람이 있을까? 나는 세상에 정답을 알고 있는 개인도 없고, 조직도 없다고 말한다. 이유는 정답을 알기 위해서는 모든 것을 알고 있어야 하는데, 모든 것을 알고 있는 사람은 존재하지 않기 때문이다. 그것은 신의 영역이다. 사람은 자신이 보고 듣고 체험한 경험 안에서 살아간다. 내가 생각하는 정답도 내 경험과 나의 기질을 통해서 나온 하나의 대안일 뿐이다.

과거에는 리더가 이야기하는 답을 믿고 따를 수밖에 없었다. 그의 경험이 더 많았고, 그가 가지고 있는 정보가 그의 답을 뒷받침하는 근거가 되었다. 팀원보다는 팀장이, 팀장보다는 임원이나 CEO가 더 많은 경험과 정보를 가지고 있었다. 그래서 내가 처음 팀장을 하던 그 시대에도 '해봤어?' '네가 얼마나 알아?'라는 질문이 나오는 순간 더 이상의 대화를 포기하고, 팀장과 경영진의 이야기를 따를 수밖에 없었다. 그런데 이제는 리더가 이야기하는 답이 정답이 아니라는 반박을 팀원들이 할 수 있게 되었다. 다양한 루트에서 습득한 고급 정보들을 통해서 말이다.

그래서 문득 '이런 시대를 살아가는 리더, 그리고 팀장들은 가장 힘든 시기를 보내고 있겠구나'라고 생각했다. 그러나 반대로 새로운 리더십을 장착하게 된다면 그 누구보다 더 빠르게 리더로 성장할 수 있는 시대이기도 하다.

이제 팀장과 리더들의 일하는 방식도 바뀌어야 한다. 이 또한 생존을 위해서다. MZ 세대와 함께하는 시대, 수많은 정보들이 투명하게 공유되는 시대, 대면보다는 리모트(Remote)가 더 익숙한 시대인 지금 리더와 팀장은 어떻게 바뀌어야 할까? 가장 큰 변화의 방향성은 바로 조직에 자신이 생각하는 정답을 알려주고, 실행을 점검하는 관리형 리더에서 구성원들이 스스로 그럴듯한 답을 찾도록 돕고, 그렇게 찾은 답을 스스로 실행, 피드백하며 계속해서 답을 찾을 수 있도록 성장을 도와주는 코치형 리더가 되어야 한다고 제안한다.

본격적으로 시작하기 전에 먼저 유념할 부분이 있다. 바로 세상에 정답이 없듯이 이 책에서 이야기하는 모든 내용들도 정답은 없다는 것이다. 이 책의 이야기는 지금까지 팀장과 리더로 경험해온 나의 15년이라는 시간들과 HRD이자 코치로서 만나온 많은 사람들의 경험과 지식들이 담긴 하나의 사례집으로 생각해주면 좋겠다.

이 책을 읽으시는 독자에게 내가 기대하는 단 한 가지는 '나에게 맞는 하나의 그럴듯한 답을 찾았으면 좋겠다'는 것과 '그 하나를 내 일터에서 실제 적용해볼 수 있었으면 좋겠다'는 것이다. 그 '하나'를 찾아 나의 행동이 바뀌게 된다면 팀장으로서 그만큼 나는 더 성장할 수 있을 것이다.

팀장은
필요할까?

대기업에서 16년을 일하다가 처음 스타트업에 들어갔을 때, 나에게 주어진 과업은 따로 없었다. 다만 이런 미션이 주어졌다.

'3개월 동안 직원들도 만나보고, 회사에 대해 알아보면서 회사를 위해 무엇을 할 수 있을지 한번 생각해주세요.'

참 어려운 주제였다. 명확하게 주어진 과업이 아닌, 나 스스로가 내 과업을 찾고, 정의 내리고 실행해야 했기 때문이다. 그래서 시작한 것이 바로 일대일(One on one) 면담이었다. CEO를 만나 물어보고, 팀의 리더들을 만나며 그들의 고민과 고충을 물어보기 시작했다. 그런데 한결같이 하는 이야기가 하나 있었다. 그것은 "저 리더 (팀장) 하고 싶지 않아요"였다.

일하는 방식의 변화

처음에는 의문이 들었다. 대기업에서는 많은 사람들이 팀장이 되고 싶어 하는데 스타트업은 다른 걸까? 그런데 조금 더 상황을 들어보니 그 이유를 알게 되겠다. 스타트업에서 처음 팀장이 되었는데, 팀장이 무엇을 해야 하는지 역할도 모르겠고, 어떻게 해야 잘하는 팀장으로 인정받을 수 있는지도 모르겠고, 누구에게 물어볼 선배 팀장도 없고, 마지막으로 팀원들은 팀장에게 오히려 '내가 왜 그렇게 해야 해요? 나를 설득해주세요'라고 이야기하고 있었다.

이런 모습이 그저 내가 있었던 회사에서만의 이야기가 아니라는 것을 깨닫는 데는 오랜 시간이 걸리지 않았다. 특히 MZ 세대들의 수가 늘어가면서 더욱 그런 현상들이 조직의 이곳저곳에서 발생하고 있었다.

이처럼 스타트업에서는 "우리 회사에 왜 팀장이 필요한가요? 다들 알아서 잘하는데요"라거나 "팀장은 무슨 일을 하나요? 그들이 어떤 성과를 내는지 전혀 모르겠어요"와 같은 말이 자주 나온다. 시작부터 이런 말을 들으면 팀장을 맡은 분들은 의기소침해지기 쉽다.

그런데 시대에 맞게 일하는 방식의 변화가 있었다는 것을 한번 생각해보면 이제는 팀장에 대해 다른 생각을 해볼 수 있다는 것을 알게 된다.

지금은 정보가 넘쳐나는 시대다. 그런데 이 시대 바로 전에는 어땠는가? 앞서 말한 바와 같이 그때는 정보 전쟁을 치르던 시대였다.

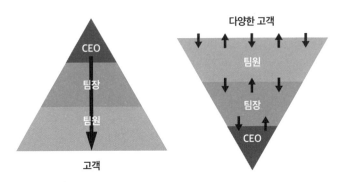

즉, 누가 더 고급 정보를 가지고 있느냐가 기업의 성패를 좌우하던 시대였다는 의미다. 우리나라 역시 10~15년 전만 해도 마찬가지였다. CEO나 임원진은 해외 출장, 컨설팅, 연구기관 등을 통해 다양한 루트로 정보를 얻었다. 그리고 그 정보를 통해 회사의 전략과 방향을 정했다. 쉽게 생각한다면 해외 기업의 성공 케이스를 가져와 회사의 리더들에게 지시만 하면 되는 시기였다. 이때는 정보를 일부 리더만이 점유하던 시기였고, 특히 중요한 정보는 최고위층만이 독점하던 시기였다.

그런데 지금은 어떨까? 만약 미국에서 대박 상품이나 사건이 나온다면? 신기술이 나온다면? 성공한 기업이 나온다면? 빠르면 실시간으로, 늦어도 며칠 이내에 그 사례와 성공 원리가 공유되는 시대다. 지식과 정보, 경험과 사례들이 세계 곳곳의 인터넷과 모바일 환경 속에서 돌아다니고 있고, 누구든지 그 정보를 접할 수 있게 되었다.

이런 시대에 CEO의 방향성이 모두 정답일까? 50~70세인 CEO가 MZ 세대의 니즈를 파악할 수 있을까? 또 40~50대의 팀장은? 마찬가지다. 이렇게 시대가 바뀌며 누구든지 정보에 쉽게 접근할 수 있으면서 직책별 역할도 바뀌게 되었다.

직책	정보화 이전의 역할	정보화 시대의 역할
CEO	회사의 방향을 정하고, 지시하는 CEO	조직의 비전, 미션, 전략을 세우고, 팀장이 성장하고 성공할 수 있도록 돕는 CEO
팀장	CEO의 방향을 팀원에게 전달하고 결과물을 관리하는 팀장	회사의 목표와 팀원 개개인의 목표가 합치되도록 하고, 팀원이 성장하고 성공할 수 있도록 돕는 팀장
팀원	팀장의 지시대로 수행하는 팀원	고객의 니즈, 경쟁사 동향 등 다양한 정보들을 바탕으로 제품과 서비스를 어떻게 변화시킬 것인지를 찾고, 실행하는 팀원

특히 요즘 시대는 CEO와 팀장의 역할과 권한이 줄어드는 대신, 팀원들의 권한과 과업은 늘어나게 되었다. 정보화 시대에 발맞춰 MZ 세대들이 자신이 하고 싶은 일을 자신이 하고 싶은 방식으로 일하고 싶다고 요구하는 문화 속에서 팀장은 진정으로 '끼인' 직책이 되어가고 있는 것도 현실이다. 나와의 코칭 세션에서 많은 팀장들이 '저 이제 팀장하고 싶지 않아요'라고 이야기하는 이유 중 하나일 것이다.

이처럼 시대가 변했는데, 팀장의 리더십은 변했을까? 이전 직장에서 인사팀에서 일할 때 일부 승진한 임원과 팀장, 부서장들에 대한 성과를 알려 달라는 요청을 받곤 했다. 구성원들이 그 사람이 왜 승진을 한 것인가에 의구심을 품은 경우였고, 이는 팀원들이 기대하는 리더로서의 모습과 회사에서 인정하는 리더의 모습이 일치하지 않았기 때문이라고 생각한다.

우리나라의 유명한 기업들은 물론이고, 가장 수평적이라고 평가받는 글로벌 기업 구글에서도 이와 같은 불만이 나타난 적이 있었다. 이에 구글은 조직 내에 관리자가 정말 필요 없는지 관리자를 빼버리는 실험을 시도한다. 이때 한 실험이 구글의 '디스오그 프로젝트'다.

팀장을 없앤 디스오그 프로젝트

구글은 태생부터 스스로 일하는 수평적 조직문화와 주도적으로 일하며 성과를 만들어 내는 문화를 가지고 있었다. 모든 사람들이 자신이 해야 할 일을 알았고, 각자의 일에 집중해 성과를 만들었다. 그런데 2000년대 들어 구글의 규모가 커지는 과정에서 적잖은 구성원들이 이런 불만을 냈다.

"관리자가 있으면 의사결정권이 그에게만 있는 것 아닌가요? 스스로 일하는 직원에게 팀장은 필요 없어요."

관리자 역할을 하는 팀장이 생기면서 소통을 해야 할 일이 늘어나자 각자의 기존 업무가 방해 받는다는 주장이었다. 팀장들이 있음으로 오히려 필요 없는 체계와 제도가 복잡한 프로세스를 만든다는 것이다.

그래서 구글은 개발 조직에서 단호하게 모든 관리자 역할을 없앴다. 개별 담당 개발자들이 임원과 직접 소통을 하고, 의사결정을 하는 형태로 조직과 일하는 방식을 개편했던 것이다. 경영진들도 이런 조직의 변화에 찬성했었다. 동아리 같은 자유스러움을 중요하게 여겼던 시절이었다. 이 내용이 바로 2001~2002년에 구글에서 진행되었던 디스오그(Disorg) 프로젝트다.

처음에는 직원들뿐만이 아니라 경영진들도 자유스럽게 일하는 문화를 가진 것에 대해 만족해했다. 그러다 어느 날 경영진이 복도에서 만나는 직원들에게 팀장이 필요한지 물어봤다. 그런데 만나는 모든 직원들은 이렇게 이야기했다.

"네, 필요해요! 팀장을 다시 세워주세요."

결국 1년이 조금 지났을 때, 관리자인 팀장들을 다시 세워야 했다. 팀장을 없애니 온갖 승인 요청이 범람했고, 구성원 간의 갈등도 해결되지 않았다. 관리하는 사람이 없어지면 구성원들이 더 알아서 일을 하고, 더 쉽게 결정을 내려 일에 몰입할 수 있을 것이라는 건 오판이었고, 오히려 그동안 드러나지 않았던 많은 문제들이 수면 위로 올라오는 상황이 되었다. 이때 구글의 팀원들은 팀장의 역할을 이렇게 정의 내렸다.

1. 롤 모델: 보고 배울 수 있는 전문성을 갖춘 사람

2. 의사결정자: 의사결정을 잘 할 수 있는 사람

3. 협업 및 갈등 중재자: 동료들과의 어색한 사이를 좁혀줄 수 있는 사람

산소 프로젝트를 통해 찾은 최고의 팀장

구글의 실험은 여기서 멈추지 않았다. 디스오그 프로젝트 후 실행한 산소(Oxygen) 프로젝트에서는 구글 내 팀장에 대한 자료 100종류 1만 건의 데이터를 수집해 1년 이상의 분석 작업을 거쳐 최고라고 할 수 있는 팀장의 8가지 특징을 찾았다. 그중 첫째는 '좋은 코치'다. 나머지 7가지는 좋은 코치인 팀장이 구성원에게 줄 수 있는 행동으로 이뤄져 있다.

이후 추가로 9, 10번이 팀장의 행동 특징으로 추가되었는데, 그 두 가지는 협업과 의사결정에 대한 부분이었다. 이는 구성원들이 많아지고, 의견들이 다양해지면서 이를 통해 커뮤니케이션 리소스가 부정적으로 발생하는 것을 방지하기 위함이다.

1. 최고의 팀장은 좋은 코치다.

2. 코치는 구성원에게 권한을 넘기고 간섭하지 않는다. 심지어 답을 알아도 간섭하지 않는다. 즉, '마이크로 매니징'을 하지 않는다.

3. 구성원의 이야기를 경청하며 구성원과 정보를 투명하게 공유한다. 내 의견을 말하는 것이 아니라 구성원이 이야기를 할 수 있도록 말을 이끌어 낸다.

4. 생산적이며 결과 중심적이다.

5. 직원이 경력 개발을 할 수 있도록 돕는다.

6. 팀이 나아갈 방향에 대해 명확한 비전과 전략을 가진다.

7. 팀원에게 도움이 될 수 있는 조언을 할 수 있도록 전문성과 직무상 스킬을 가진다.

8. 팀원 개인의 성장에 관심을 가지고, 개인적인 상태에 대해서도 관심과 걱정을 표현한다. 더 좋은 곳으로 이직하는 팀원이 있다면 진심으로 축하를 할 수 있는 정도여야 한다.

9. 구글의 여러 팀들과 공동으로 작업을 한다.

10. 강력한 의사결정권을 행사한다.

10가지 중 당신은 몇 가지에 해당하는가? 또는 나의 팀장은 이 중 어떤 행동을 하고 있을까를 생각해보기를 권한다. 구글의 최고 인적 자원 책임자인 라즐로 북은 '구글은 직원들이 전문성을 가진 리더보다 일대일 면담을 자주 만들어 대화하고, 직원들의 삶과 경력 관리에 관심을 가져주는 리더를 선호한다는 점에서 최고의 팀장에 대한 조건을 발견했다'고 말했다.

전체는 부분의 합보다 크다

산소 프로젝트에서 나온 결과는 어떻게 보면 팀장과 팀원 간의 일대일 관계를 중심으로 둔다. 그런데 만약 그게 정답이었다면 프로젝트는 여기에서 끝났을 거다. 하지만 또 다른 문제들이 벌어지기 시작했고, 구글은 심리학자, 통계학자 그리고 사회학자로 구성된 팀을 통해 구글 내에 있는 수백 개의 팀을 분석하기 시작했다. 이것이 바로 2012년부터 4년여의 시간에 걸친 아리스토텔레스 프로젝트다. 이 프로젝트를 통해 구글은 좋은 성과를 내는 팀을 정의했다.

결과적으로 좋은 팀은 '팀원이 누구인가?'라는 개인이 아닌, '조

1 심리적 안전감
팀원들은 서로 앞에서 리스크를 감수하고
자신의 취약점을 드러내도 안전하다고 느낀다.

2 상호 의존성
팀원들은 정해진 시간안에 맡은 일은 끝마치며
구글의 높은 기준을 충족시킨다.

3 체계와 명확성
팀원들은 명확한
역할 분담, 계획, 목표가 있다.

4 일의 의미
팀원들은 맡은 일에
개인적인 의미를 부여하고 있다.

5 일의 영향
팀원들은 지금 하는 일이 중요하며
변화를 일으키는 것이라 믿는다.

내용 출처 : 구글 re:Work(https://rework.withgoogle.com)

구글의 '일 잘하는 팀'의 핵심 규범 5가지

직 내에서 구성원들이 서로 어떻게 상호작용을 하는가?'에 초점을 두고 있다는 것이다. 여기에서 나온 유명한 단어가 바로 '심리적 안전감(Psychological Safety)'이다.

정의를 먼저 내려 본다면 '업무와 관련되어서 그 어떤 말을 해도 보복 당하지 않고 안전하다고 느끼는 것'이라고 할 수 있다. 팀의 다른 구성원들과 회의 시간에, 편한 대화를 하는 도중에, 팀장과 일대일 면담을 하면서 자신의 생각을 솔직하게 이야기할 수 있는 수평적 조직문화를 갖추고 있을 때 그 팀이 최고의 퍼포먼스를 낸다는 것을 찾아낸 것이다.

결국 팀장은 필요하다!

구글의 다양한 프로젝트에서 본 것처럼 결론적으로 조직이 성공하기 위해서, 조직 안에 있는 팀원 즉 구성원들이 성장하기 위해서는 팀장이 필요하다. 여기서 중요한 것은 어떤 팀장이 될 것인가다.

사실 나도 한 후배로부터 '팀장님 같은 선배가 되지 않을 거예요'라는 이야기를 들은 적이 있었다. 내가 처음 팀장이 되었을 때 나와 함께 호흡을 맞췄고, 지금도 연락을 나누며 지내는 친한 후배다. 당시 후배가 내게 그렇게 말한 이유는 신뢰 때문이었다. 후배가 기억한 과거의 나는 팀원인 자신을 못 미더워하는 팀장이었다.

앞서 말했듯이 첫 직장에서 나는 입사 4년 차에 갑작스럽게 팀장 역할을 맡게 됐다. 그전까지는 작은 파트의 리더였지만, 갑자기 위의 팀장이 그만두면서 어쩌다 팀장이 된 것이다. 당시 내가 쓰는 모든 보고서는 최고경영자에게 보고되는 자료였는데, 나는 스스로를 적어도 80점짜리 보고서는 쓸 수 있는 팀장이라고 생각했었다. 반면 팀원들의 보고서를 받아보면 내 생각에는 대부분 50점짜리였다. 당연한 거였다. 나는 4년 차였고, 전임 팀장에게 1년 이상을 배웠고, 그들은 1~2년 차였으니까.

당시 나는 50점짜리 보고서를 받으면 "수고했어, 이제 내가 할게"라고 말하고, 내가 보고서를 직접 고쳤다. 그게 팀원을 위하는 거라고 생각했다. 야근과 주말 근무를 불사하며 보고서를 보완했고, 시간 안에 보고서를 완료해서 후배 이름으로 보고서를 올렸다. 후배에게 야근을 시키지 않고 내가 보고서를 마무리 지은 건 나름의 배려였다.

그런데 후배는 그런 내 행동이 불만이었다. 팀장인 내가 팀원을 50점짜리 일만 하는 사람으로 봤고, 그러니 일을 끝까지 맡기지 않았다고 판단한 것이다. 그 말을 듣고 당시에는 어이가 없었다. 그런데 조금 더 성장하고, 리더십을 공부하다 보니 내가 뭘 잘못했었는지를 알게 되었다.

50점짜리 보고서를 받은 나는 직접 보고서를 고쳐 80점으로 만들어 제출했다. 그럼 후배는 보고서 작성에 어느 정도의 기여를 한 것일까? 80점? 아니다. 50점이다. 자신의 이름으로 보고서가 올라갔지만, 그다음에도 또 그다음에도 후배는 50점짜리 보고서만 작성하는 수준에 머물러 있었다. 내가 초기 보고서를 받아, 그 이후의

30점을 배려라는 착각으로 보완했기 때문에 후배는 오랜 시간 동안 50점짜리 보고서만 만들 수 있었기 때문이다.

나는 '배려'라는 착한 팀장 콤플렉스에 빠져 후배들이 80점으로 성장할 수 있는 기회를 박탈하고 있었던 것이다. 후배가 이야기했던 "저는 팀장님처럼 되고 싶지 않아요"라는 그 말의 뜻을 나는 너무 늦게 깨달았다. 그래서 얼마 전 그 후배를 10년 만에 다시 만났을 때 웃으며 사과를 했다. '나도 그때는 팀장 역할을 너무 몰랐어'라고.

리더로 일하다 보면 이렇게 원래 취지와 달리 오해를 사는 경우가 생긴다. 자신과 함께 일하는 구성원의 관점과 리더인 자신이 보는 관점은 다를 수밖에 없기 때문이다. '말하지 않아도 내 마음을 알겠지'라는 건 혼자만의 오해다. 그렇다면 구성원이 보는 일을 잘 맡기는 팀장의 조건은 무엇일까?

일을 잘 맡기는
팀장의 조건

과거의 나는 배려라는 탈을 쓰고 후배들의 성장 기회를 박탈하는 나쁜 행동을 하고 있었다. 사람이 업무에서 성장하려면 당연히 시간이 필요하다. 나는 그 기다리는 시간이 아까워서 그들이 변할 수 있는 시간을 내 방법으로 빼앗았다.

10인분의 성공을 위한 '인내심'

이처럼 많은 리더들이 하고 싶지만 잘하지 못하는 일이 바로 부하 직원의 성장을 기다리는 것이다. 특히 단기적인 성과와 숫자를 중요하게 평가하는 조직일수록 더 그렇다. 오너가 아닌 CEO(전문 경영인)가 운영하는 조직도 그런 경향이 많이 있다.

물론 팀장이 직접 일을 하게 되면 더 잘할 수 있다. 경험도, 지식도, 노하우도 많이 있기 때문이다. 하지만 팀장은 1명이다. 조직 전체로 봐도 소수다. 그래서 장기적인 관점에서 보면 조직이 더 커지고 더 성장하기 위해 리더에게 가장 중요한 건 구성원 한 명 한 명의 성장을 유도하는 것이다. 이를 통해 팀장은 1인분의 성공이 아닌 팀원 10인분의 성공을 위해 달려야 한다. 그래서 팀원들이 지난번보다 조금 더 나은 결과물을 만들어 낼 수 있도록 성장하는 시간을 부여해야 한다.

팀원의 도전 정신을 이끌어라

이 세상에 완벽한 사람은 없다. 그렇기에 배우려고 하는 사람들은 오늘보다 내일 더 성장한 모습을 보여줄 수 있다. 도전도 거창한 것이 아니다. 나는 어제와 다른 행동을 오늘 실천하고 있다면 그것을 도전이라고 이야기한다. 그런 점에서 팀원이 도전을 하게 만들기 위해서는 우선 3가지 원칙을 순차적으로 확인해야 한다.

1. 팀의 이상적인 목표와 비교할 때 현재 팀원의 모습은 어느 수준인가?
2. 현재 팀을 이루고 있는 팀원의 행동(일하는 방식 + 태도)은 어떠한가?
3. 어제와 다른 오늘이 되기 위해 팀원은 어떤 행동을 바꿔야 하는가?

일상에서 예를 들어보자. 만약 어떤 사람이 다이어트를 결심한다면, 현재 몸무게를 측정하고 이상적인 몸무게를 알아야 한다. 그리고 그 차이만큼 빼기 위해서는 어떤 행동 습관을 바꿀 것인지 생각해야 한다.

구체적으로 80킬로그램을 만든 습관은 물론이고 먹는 음식의 칼로리, 운동 등을 통해 소모하는 칼로리, 저녁 6시 이후의 식습관 등은 어떤지 다양한 정보를 파악해야 한다. 이런 부분을 정리한 뒤 나쁜 습관은 버리고, 좋은 습관은 어떻게 유지할 것인지 결정해야 한다. 또 주기적으로 저울에 올라가 몸무게가 어떻게 변하는지도 측정해야 한다.

일도 마찬가지다. 팀장은 팀원에게 이상적으로 기대하는 전문 역량과 스킬, 성과를 구체적으로 정하고, 목표 대비 현재 구성원의 능력치를 명확히 알아야 한다. 그리고 그가 일하는 방식과 성향, 태도와 습관까지 알 수 있다면 목표 달성을 위해 어떤 것을 바꿔야 할지 자연스럽게 알 수 있다.

이를 위해서 팀장이 해야 하는 것은 바로 팀원 한 명 한 명에게 관심을 가지고 관찰하면서 현재 하고 있는 과업은 무엇인지, 목표는 무엇이고 현재 어느 수준인지, 그 목표를 달성하기 위해 어떤 방식으로 일하고 있는지, 무엇을 더 잘해야 그 목표를 조금 더 수월하게 달성할 수 있을지 등의 정보들을 파악하고 있어야 한다는 의미다. 마치 운동 코치가 선수의 역량과 강점을 파악하여 문제를 해결하듯, 팀장도 팀원의 문제 해결을 위해 역량과 강점을 먼저 파악해야 한다.

팀원의 문제, 지적만 하지 말고 '이렇게'

팀원들이 팀장에게 요구하는 건 의외로 많지 않다. '내 의견을 좀 들어 달라' '성장하게 해달라' '스스로 일할 수 있는 주도권을 달라' '나의 성과를 위해 내가 해결하지 못한 어려운 문제를 풀어 달라' 정도다. 사실 여기서 팀장이 가장 쉽게 실행할 수 있는 부분은 '문제 해결'을 도와주는 것이다. 리더가 즉각적으로 행동할 수 있고, 팀원에게 결과를 눈으로 보여주는 효과를 볼 수 있기 때문이다.

팀원에게 가장 자주 발생하고 해결해야 하는 문제는 상위 조직이나 경영자에게 확인을 받는 일, 자본과 사람 등의 지원을 받는 일, 유관 부서와의 협조를 통해 내가 진행하던 일에 우선적으로 협업을 이루는 일 등이 있다. 그런데 문제 해결의 원칙이 있다. 그것은 팀장 기준에서 고쳐주고 싶은 문제를 해결하는 것이 아닌, 팀원에게 근본적으로 도움이 되는 것으로 다가가야 한다는 것이다.

예를 들어 한 중견기업 팀장 A와 '결과물을 내는 속도가 너무 느린 팀원'을 두고 상담한 적이 있다. 팀원에게 피드백 반영이 잘 안 된다는 팀장 A에게 나는 그 팀원과 나눈 피드백 대화 내용이 어땠는지를 물었다. "우리의 성과는 콘텐츠인데, 이 결과물이 나오는 속도가 느리니까 조금 더 빠르게 콘텐츠를 만들어 달라"는 게 팀장 A가 팀원에게 전한 피드백이었다.

우선 피드백부터 짚고 넘어갔다. 나는 "그 피드백을 받은 팀원은 일하는 방식을 어떻게 바꿨을까요? 혹시, '나는 뭘 어떻게 해야 할지 모르겠어'라고 생각하지 않았을까요?"라고 물었다. 그리고 팀장 A에게 고민의 대상인 팀원의 경력은 얼마나 되었는지, 그 회사에 온 지는 얼마나 되었는지, 성향은 어떤지에 대해서 질문했다. 그리고 콘텐츠팀의 일하는 방식과 성과를 잘 내는 팀원들에 대해서도 확인했다. 팀원에 대해 알아가는 시간을 가지고 나니 결론은 오히려 간단했다. 팀원은 아직 적응을 다 마치지 못한 입사 6개월 차 경력직원으로 조금 내성적인 사람이었다. 그래서 나는 A에게 이렇게 이야기했다.

"콘텐츠를 만들어야 하는 그 팀원의 문제는 속도가 아니라 다른 것에 있지 않았을까요? 만약 그 팀원이 1년 이상 근무를 했고, 콘텐츠를 만들어 내는 다른 협업 대상(전문가)을 많이 알고 있다면 자연스럽게 속도가 빨라지지 않을까요?"

곰곰이 생각한 팀장 A는 "그렇다"고 답했다. 개인의 특징과 일하는 방식에 대해 돌아보니, 콘텐츠팀에서 성과를 잘 내는 팀원들은 전문가를 많이 알고 있고, 계속해서 새로운 전문가들과의 네트워크를 통해 콘텐츠를 만들어 가고 있었는데, 속도가 느렸던 팀원은 결론적으로 전문가를 많이 알지 못했다는 것을 알게 된 것이다. 기억을 돌이켜보니 그 팀원이 다른 팀 사람들과 프로젝트를 진행해 그쪽 사람들과 가까워지면서 동시에 콘텐츠를 만드는 속도도 더 빨라졌었다. 이 상담은 팀원에게 속도를 내라고만 피드백할 게 아니라 그가 가려움을 느낀 부분, 네트워크를 채워줘야겠다는 솔루션과 함께 마무리되었다.

그리고 처음 '팀원에게 콘텐츠를 더 빨리 만들어라'라는 피드백은 '매주 팀장이 소개해 주는 전문가를 3명 이상씩 만나고, 그 전문가분들을 통해서 새로운 전문가를 소개 받아 네트워크를 계속해서 확장해라'라는 것으로 바뀌게 되었다.

격려가 '수고했어'로 끝나면 안 되는 이유

인정, 칭찬, 격려는 말이 쉽지, 생각보다 리더들이 많이 실수하는 영역이다. 팀원의 어깨에 힘이 들어가도록 해준다는 건 '지지적 피드백'을 준다는 것이다. 지지적 피드백에 더해 작은 성공의 기회를 의도적으로 만들어주면서 팀원이 스스로 자신감을 갖도록 해주는 것도 어깨에 힘이 들어가게 해주는 영역에 포함된다.

지지적 피드백은 잘하고 있는 행동과 일하는 방식, 좋은 태도와 습관이 지속될 수 있도록 인정하고 격려하며 칭찬하는 것이다. 한마디로 잘하고 있는 행동이 계속되도록 동기부여를 하는 것이다.

그런데 리더가 가장 많이 하는 실수도 여기에서 나온다. '수고했어, 잘했어, 고마워'라는 표현을 매일 한다고 '난 정말 인정과 칭찬을 잘하는 팀장이야'라고 자부하는 것이 대표적인 실수다. 단순히 '수고했어, 잘했어, 고마워'라고 하면 듣는 사람은 '내가 왜, 뭐 때문에 칭찬을 받지?'라고 생각하게 된다. 즉, 이런 표현은 칭찬을 듣는 팀원 입장에서 입바른 소리가 될 수 밖에 없다는 의미다.

그럼 어떻게 말해야 할까? 예를 하나 들어보면 "이번에 시간도 부족했을 텐데 경쟁사와 고객 조사까지 진행하고, 고객의 숨은 니즈를 찾아줘서 고마워. 우리가 놓치고 있었던 고객 니즈를 자료에 포함해줘서 이번 컨설팅이 잘 끝난 것 같아"와 같은 아주 구체적인 표현이 좋다. 상세하게 일하는 방식과 행동에 대한 칭찬은 물론 그 행동이 끼친 긍정적인 영향까지 더하면서 팀원을 인정해줘야 한다. 이렇게 칭찬을 받게 되면 팀원은 어떻게 할까? 아마 일을 할 때 경쟁사와 고객 조사를 수시로 진행하면서 고객의 숨은 니즈를 찾아내는 방식을 자주 사용하지 않을까? 이처럼 지지적 피드백의 목적은 잘하고 있는 행동과 일하는 방식을 반복해서 할 수 있도록 격려하는 것이다.

지지적 피드백을 잘하려면 평소 각 구성원에게 관심을 갖고 그들이 어떻게 일하고 있는지를 파악해야 한다. 그래서 팀장은 항상 팀원들이 어떻게 일하는지, 어떤 변화를 주는지, 그로 인해 조직에 어떤 영향을 주고 있는지를 관찰하고 있어야 한다.

팀장에게는
부캐가 필요하다

여기서 질문을 하나 해보겠다. 선천적으로 타고난 리더십을 발휘하는 팀장은 좋은 팀장일까?

내가 생각하는 답은 '아니요'다. 나는 오히려 평범한 팀장이 좋은 팀장이라고 말하고 싶다. '평범'하다고 표현하는 이유가 있다. 만약 팀장이 타고난 리더십으로만 팀원에게 영향을 준다면 그 팀에는 결국 그 리더십에 맞는 팀원만 남게 될 것이기 때문이다. 팀장과 맞지 않는 팀원은 아무리 능력이 뛰어나고 가능성이 있더라도 팀을 떠날 수밖에 없게 되는 것이다.

예를 들어 타고난 장군형 팀장이 있다. 많이 하는 말은 "나를 따르라. 내 말대로 해봐!"다. 말하자면 '내 말이 정답이니 내 말대로 실행하라. 이게 맞다. 이렇게 하자'라는 팀장이다.

또 다른 타입은 자율권을 강조하는 팀장이다. 그는 팀원의 의견을 먼저 묻고, 팀원이 진행하는 일을 믿고 맡기는 타입이다. 둘 중 누가 더 좋은 리더냐고 묻는다면, 정답은 의외로 이렇게 나온다.

"그때그때 다르다!"

리더십은 하나가 아니다

그런데 이 두 유형의 팀장들이 자신이 타고난 리더십 외에 다양한 리더십을 학습하고, 그것을 조금이라도 사용할 수 있다면 어떻게 될까? 다양한 리더십은 '내'가 아닌 '같이 일하는 사람'에 따라 달라진다. 그리고 항상 같지 않고 조직의 미션과 상황에 따라 달라지기도 한다. 구체적으로 팀원의 역량(스킬, 경험, 경력, 자격 등)과 동기요소(의지, 열정)에 따라 다른 리더십을 부여해야 한다는 의미다.

좀 더 예를 들자면 신입사원에게는 구체적으로 업무를 알려주고, 이것을 왜 하는지를 묻고 중간 점검을 자주 하는 '소대장형 리더십'이 맞을 수 있다.

반면 이미 과업을 수행하고자 하는 열정과 역량을 모두 갖춘 베테랑 직원에게는 목표를 합의하고 위임하는 것이 최고일 수 있다. 베테랑 직원이 의사결정을 할 수 있는 영역을 정해주고, 목표를 구체적으로 합의한 뒤 그 안에서 자율적으로 일할 수 있도록 해주는 것이다. 단, 칭찬과 인정을 담은 지지적 피드백과 개선할 점을 알려주는 발전적 피드백을 빼놓으면 안 된다.

또한 비즈니스 상황에 따라서도 리더십은 달라져야 한다. 만약 경쟁사보다 새로운 브랜드를 빠르게 발표해야 한다면 어떨까? 속도와 실행에 강점을 가지고 있는 불도저형이나 개척형의 리더가 필요할 수도 있다.

조직이 급격한 성장기를 거쳐 매출과 이익이 예상되는 성숙기에 들었다면 리더십은 또 달라진다. 이때는 분석과 관리에 능숙한 관리형 리더가 필요하다. 관리형 리더는 비효율적인 요소를 없애고, 매뉴얼과 시스템, 교육을 통해 표준화하는 것에 강점을 갖고 있기 때문이다.

팀장이 10명의 팀원과 함께 팀을 구성하고 있다면 나는 10가지 리더십을 가지고 있어야 한다고 이야기한다. 10가지 '부캐'를 갖고 있는 것이라고도 할 수 있다. 그만큼 팀장의 리더십 또한 하나의 정답은 없다는 의미다. 10개의 리더십 부캐를 가지는 게 가능하냐고 물어볼 수 있다. 나는 가능한지를 떠나서 해야 한다고 이야기한다. 팀원의 상황과 성향은 모두 제각각이고, 조금씩 학습을 통해 나름 쉽게 적용할 수 있기 때문이다.

물론 생각만큼 잘 안 되는 건 당연하다. 그래서 리더십을 배우는 건 몰랐던 수많은 리더십 패턴을 익혀서 상황과 사람에 맞게 그 패턴을 쓸 수 있도록 몸으로 훈련하는 것이라고 말한다. 평소에 하지 않던 방식으로 일하려고 할 때마다 어렵고 잘 모르겠다는 생각이 드는 건 정상적인 불편이다. 그럼에도 하나씩 변화를 시도하면서 그 변화가 나와 상대에게도 잘 맞으면, 그때 다른 리더십을 새로 시도

해보면서 리더십 기술을 늘리는 것이 내가 아는 유일한 방법이다.

팀장의 부캐는 3개

그렇다면 본격적으로 팀장이 가지면 좋을 '부캐'를 이야기해보자. 함께 일하는 사람과 상황에 따라 다른 가면을 쓴다고도 할 수 있다. 3가지 대표적인 부캐로는 '매니저, 멘토, 코치'가 있다.

• 매니저

매니저는 조직의 성과를 관리하는 리더다. 흔히 우리가 관리자라고 부르던 리더를 말한다. 팀장에게 매니저의 역할을 요구하는 이유는 생존을 위해서다. 조직을 운영하려면 결국 돈을 벌고, 수익을 내야 하기 때문이다. 물론 조직의 상황에 따라 돈과 수익이 성과의 전부가 아닌, 시스템 개발과 프로젝트 달성, 프로그램 개선 등이 목표가 될 수 있다.

매니저형 팀장은 자신의 팀이 목표를 '달성'했는가를 중심으로 판단한다. 탁월한 매니저는 어떻게든 작년보다 더 높은 성과를 올해에 달성한다. 조직이 계속 성장하도록 만들기 때문에 탁월한 매니저는 팀장이 될 수 있다.

그런데 매니저형 팀장이 고민해야 할 부분이 있다. 약점이라고 할 수도 있는데 '단기적인 목표'에 너무 치중한다는 것이다. 단기 목표에 치중하면 기업 유지에 가장 중요한, 영속할 수 있는 시스템을 구축하는 것이 어려워진다. 지금 당장의 목표에만 집중하면 미래 가능성이나 투자에 인색해질 수밖에 없기 때문이고, 이때 팀원들을 성장시키기 위해 시간과 노력을 투자하기보다 성과 내는 것에 집중하게 된다. 이를 보완하는 부캐가 바로 두 번째 부캐인 '멘토'다.

• 멘토

멘토는 구성원에게 조언과 충고를 해주는 리더로 이들은 사람과 상황에 관심을 둔다. '이 직원의 강점과 약점은 뭐지?' '더 높은 목표와 성과를 달성하기 위해서 팀원의 강점을 어떻게 사용하면 될까?' '혹시 이 직원의 문제 해결에 어떤 장애물이 있는 걸까?'처럼 사람과 상황을 분석한다.

멘토형 팀장은 조언과 충고의 주도권을 갖고 있다. 자신이 이미 경험했던 지식과 경험, 스킬, 사람들을 토대로 문제를 고민하는 팀원에게 충고할 수 있다. 예를 들어 "전에 내가 비슷한 문제를 접했던 적이 있는데, 그 당시 내가 실수하고 보지 못했던 것은 이탈 고객의 이탈 이유였어. 당시에는 지금처럼 VIP 고객을 더 중요하게 여기고 관리했었는데, 그분들은 이미 우리 브랜드에 대해 만족한 분들이었잖아. 이번에도 비슷한 문제로 보여지는데, 혹시 이탈 고객에 대해 확인해보면 어떨까?"라며 자신의 경험을 이야기해줄 수도 있고, "B부서의 C팀장을 찾아가 봐. 자네가 갈 거라는 이야기를 해놨어. 전에 C팀장이 자네가 겪고 있는 비슷한 문제를 해결했다고 이야기한 적이 있었거든"이라며 외부의 다른 해결사를 매칭해줄 수도 있다. 이렇게 멘토형 팀장의 구체적인 조언을 들은 팀원은 자신에게 맞는 해결책을 적용하고, 실행해서 문제를 풀게 된다.

중요한 건 팀장이 멘토의 역할을 감당하려면 직원에게 자신의 성공 경험뿐 아니라, 실패 경험을 비롯한 전문적인 지식 등 가지고 있는 모든 걸 팀원의 성장과 성공을 위해 꺼내 놓을 수 있어야 한다는 것이다. 리더십을 가진 팀장은 스스로 끊임없이 배우고, 성장하기 위해 노력해야 한다. 10년 전의 지식과 경험이 지금 벌어지는 비즈니스 환경과 고객에게 적합하게 적용되기가 쉽지 않기 때문이기도 하고, 내 지식과 경험을 팀원들에게 내어주고 내가 성장하지 않으면 조만간 팀원에게 따라잡히게 되기 때문이다. 그래서 멘토형 팀장은 팀원들의 성장과 함께 스스로도 성장하고자 노력하는 리더의 모습으로 나타난다.

• 코치

마지막 부캐는 '코치'다. 코치는 구성원 각 개인이 스스로 목표를 달성할 수 있도록 동기부여 하는 리더다. 이 리더십은 최근 '90년 대생'으로 불리는 MZ 세대 팀원과 함께 일하는 팀장들이 반드시 갖춰야 하는 역할이다. 코칭 리더십은 단기적인 성과 중심의 조직을 장기적인 성장 관점에서 바라보도록 시야를 전환하는 데도 많은 도움을 줄 수 있다.

그런데 코치 역할을 제대로 수행하려면 팀장이 많은 것을 내려

놓아야 한다. 의사결정권, 권한, 발언권, 평가권, 지시와 명령 등 우리가 흔히 리더십을 표현할 때 사용하는 주요 무기를 조금씩 팀원들에게 위임해야 하기 때문이다

코치로서의 팀장은 스스로의 지식과 경험으로 퍼포먼스를 만드는 것이 아니라, 팀원 개개인의 성장과 성공을 통해 조직의 성과를 달성하도록 시간을 사용한다. 내가 직접 성과를 만들어 내던 담당 실무자에서, 다른 사람을 통해 성과를 내는 방법으로 일하는 방식을 전환해야 하는 것이다. 코치형 팀장이 되는 방법의 핵심은 다음과 같다.

코치형 팀장의 6가지 원칙

① 팀원의 강점과 약점을 알고, 각 개인이 생각하는 것과 일하는 방식이 다르다는 걸 인정한다.

② 내가 생각하는 방법이 아닌, 팀원이 하고자 하는 방법을 팀원 스스로 실행할 수 있도록 환경을 만들어 준다.

③ 팀장의 권한 중 상당 부분을 팀원에게 적절한 방식으로 위임하는 훈련을 한다.

④ 팀원에게 관심을 가지고, 그가 어떻게 일하는지 행동을 관찰한다. 자신의 시간 중 20퍼센트 이상을 팀원과의 일대일 면담에 사용한다.

⑤ 팀장이 주도적으로 이야기하는 게 아니라 질문과 경청을 기반한 대화(Conversation)를 통해 팀원이 일할 동기를 받고 회사와 팀의 목표에 몰입하도록 격려한다.

⑥ 업무 과정에서 발전하는 팀원은 인정·칭찬(Recognition)하고, 바르지 못한 방법이나 방향으로 일하는 팀원에게는 현재의 부족함과 명확한 개선점을 피드백(Feedback) 한다.

부캐	정의	대표적인 리더십 행동	구성원에게 기대하는 것
매니저 (Manager)	주어진 자원을 바탕으로 조직의 목표를 달성할 권한을 '사용'하는 리더	① 구체적인 목표 합의 ② 전략과 실행 아이디어 도출 ③ 성과에 대한 적절한 보상	성과 및 목표 달성
멘토 (Mentor)	전문 영역 안에서 자신의 지식과 경험을 공유하고, '조언'하는 리더	① 관찰을 통한 구성원의 이슈 (문제) 발견 ② 이슈 해결을 위해 필요한 자신의 성공 또는 실패 사례 공유 ③ 이슈 해결을 위한 행동 변화 제안	일하는 방식의 변화와 이슈 해결
코치 (Coach)	목표 달성을 위해서 구성원에게 동기를 부여해 문제를 스스로 해결하도록 '돕는' 리더	① 구성원에 관심을 두고, 평상시 일과 개인을 관찰 ② 구성원과 정기적·비정기적 일대일 면담 진행 ③ 경청, 질문을 통해 구성원의 생각과 의견을 확인 ④ 칭찬, 인정, 개선점이 담긴 피드백을 통해 동기부여	다른 관점에서 생각하고, 다른 방식으로 행동하면서 성장

체스 선수와 정원사

팀장에 대해 또 다른 관점을 얘기해보자. 얼마 전 만난 팀장 B는 이전 회사에서 코치를 자처한 팀장 C의 이야기를 해줬다. 그 팀장은 똑똑하고 모르는 게 거의 없었던 자신감 넘치는 리더였다. 하지만 팀원을 '내 손발이 되어 자신이 말한 대로 실행하는 사람'이라고 정의했다고 한다. 일을 잘하는 팀원의 기준도 자신의 생각과 아이디어를 잘 실행하는 사람으로만 본 거다. 이야기를 듣고 난 나의 첫 마디는 "그 사람, 진짜 코치 맞아요?"였다.

이처럼 하나의 목표를 달성하기 위해 팀원을 도구로 활용하는 팀장을 나는 '체스 선수'라고 표현한다. 체스의 목표는 단 하나, 승리다. 체스 선수는 승리하기 위해 자신의 '말'을 희생해 상대편의 킹을 잡는 데 집중한다.

체스 선수형 팀장은 팀원을 체스의 말 정도로만 생각하기 때문에, 팀원이 자신의 생각을 그대로 실행하길 바란다. 자신의 손과 발을 대체하기만을 바라고, 그렇게 따르는 팀원을 우수하다고 평가한다. 이런 팀장은 자신에게 다른 의견이나 반대 의견을 내는 팀원을 어떻게 평가할까? 조직에 도움이 되지 않는 불평불만을 이야기하는 '저성과자'로 평가한다. 단지 리더인 본인과 맞지 않는다는 이유 때문이다. 체스 선수와 같은 리더 밑에서 팀원들은 성과는 낼 수 있지만, 성장은 할 수 없다. 시키는 것만 하게 되면 일하는 기술은 나아질 수 있지만 더 높은 레벨로는 성장할 수 없기 때문이다.

그런데 체스 선수로서의 팀장이 무조건적으로 나쁘다고만 할 수는 없다. 만약 명확한 목표를 바탕으로 구성원들이 각자 맡은 자리에서 해야 할 과업을 책임지도록 하고, 그에 따른 명확한 평가와 보상, 인정·칭찬이 주어진다면 체스 선수형 팀장도 우수한 리더로 평가받을 수 있기 때문이다.

그럼 코치형 팀장들은 어떤 특징을 갖고 있을까? 코치의 특성을 구체적인 직업으로 보면 '정원사'에 빗댈 수 있다. 정원사는 나무, 꽃, 풀 등의 식물을 조화롭게 가꾸며 정원을 아름답게 하는 사람이다. 매일 식물에 물과 비료를 주고, 관심을 가지고 나무나 풀에 상처가 있는지 확인한다. 잘못 자라고 있는 가지는 가지치기를 하며 잘라 내기도 하고, 위치가 잘못된 나무나 돌은 다른 곳으로 옮기기도 한다. 간혹 건강이 좋지 않은 식물에게는 영양제를 공급해주기도 하고, 나무와 풀이 조화롭게 자라는지 큰 시야로 정원을 바라보는 리더다.

정원사에 대한 설명이 조직의 팀장과 비슷하다는 생각이 들지 않는가? 애정을 담아 가꾸는 식물을 팀원이라고 생각할 수 있고, 정원은 팀 또는 팀의 목표라고 볼 수 있다. 실제 업무에 적용해본다면 정원사와 같은 리더는 매일 구성원에게 관심을 갖고 그들이 어떻게 행동하고 어떻게 변화하는지 관찰한다. 그리고 구성원의 이야기를 경청하면서 '코칭을 위한 대화'를 시작한다. 정원사를 코치형 팀장이라고 부를 수 있는 이유다.

코치형 팀장의 가장 큰 특징은 '끝까지 듣기'다. 자신의 생각을 말하기 전에 팀원이 무엇을, 어떻게, 왜 생각하는지를 물어보고, 팀원이 자신의 이야기를 하도록 이끌어 낸다. 그러면서 팀장은 구성원의 강점과 약점을 파악하고, 팀 안에서 조화를 어떻게 이루는지 정보를 찾아낸다. 각 구성원의 강점을 잘 활용할 수 있도록 과업, 부서, 직무를 재배치하기도 하고, 그에 맞는 일하는 방식을 적용할 수 있도록 돕기도 한다. 또 잘못하고 있는 행동과 일하는 방식, 결과는 발전할 수 있도록 피드백을 주고 개선을 돕는다. 이때 팀원이 업무에 몰입하지 못하는 방해 요소가 있다면 제거하도록 도와준다. 정원사가 큰 시야로 정원의 조화로움을 보듯이 코치형 리더는 구성원 개인뿐 아니라 팀과 회사의 상황까지 고려한다. 그리고 이 모든건 다시 팀원들이 성장과 성공을 할 수 있도록 지원하며 조율하는 일로 이어진다.

두 가지 리더 유형

리더	목표	리더가 구성원을 대하는 태도	구성원이 리더를 바라보는 관점
체스 선수	게임에서의 승리	① 목표를 달성하는 데 필요한 리소스 ② 각자에게 맡겨진 일을 책임지는 담당자 ③ 리더의 전략을 실행하는 실행자 ④ 목표를 달성한 사람과 달성하지 못한 사람	성과 및 목표 달성을 중요시하는 리더
정원사	아름다운 정원	① 서로 다른 강점을 가진 사람 ② 강점과 약점에 따라 일하는 방식이 다른 사람 ③ 각 개인마다 적합한 과업, 목표가 다른 사람 ④ 내가 관심을 주는 만큼 성장할 수 있는 사람	구성원 개개인의 다양성을 존중하면서 성장을 돕는 리더

최고의 팀을 구성하는 '피자 2판의 원칙'

그렇다면 다른 질문을 던져보자. 정원사가 정원을 아름답게 가꾸기 위해선 어떤 환경이 필요할까? 먼저 정원사가 혼자서 가꿀 수 있는 크기의 정원을 가져야 하지 않을까? 조직도 마찬가지다. 일반적으로 조직은 2명 이상이 모여 같은 목표를 바라보며 과업을 수행하는 곳을 의미한다. 팀 또한 2명 이상이 모여서 목표를 달성하는 조직이라고 말할 수 있다. 그렇다면 코치형 팀장이 효율적으로 운영할 수 있는 조직은 몇 명으로 구성될까?

다양한 연구 결과가 있는데 그중 하나가 바로 '피자 2판의 법칙'이다. 1명의 팀장이 효율적으로 관리할 수 인원은 피자 2판을 나눠 먹을 수 있는 인원이라는 것이다. 여기서 피자 2판을 나눠 먹는 인원수는 보통 8~10명을 말한다.

만약 1명의 팀장 아래 팀원이 20~150명 이상이라면 팀장이 각 구성원을 제대로 관찰할 수 있을까? 수직적으로 업무를 하달하고 결과만을 평가하는 조직이라면 별 문제가 없을 수도 있다. 하지만 코칭 리더십을 통해 팀원을 성장시키고, 조직이 성과를 내도록 하기 위해서는 불가능한 구조다. '피자 2판의 원칙'의 핵심은 리더가 좋은 코치로서 팀원 개개인에게 바람직한 리더십을 발휘할 수 있는 환경을 제공하는 것에 있다.

좋은 코치가 되기 위해 팀장은 팀원을 매일 관찰하고 끊임없이 소통해야 한다. 이를 위해 하나의 팀이 10명을 넘는다면, 지금 팀을 쪼개야 한다고 말하고 싶다. 팀장이 팀원들에게 적절한 리더십을 발휘할 수 있다면 팀원은 성장하는 모습을 보여주며, 최고의 퍼포먼스를 낼 수 있는 준비를 한다. 커진 조직을 1명의 팀장이 계속 이끌어야 한다면 이때는 팀장과 같은 리더십을 발휘할 수 있는 부팀장을 양성하는 것이 필요할 수도 있다. 그렇게 코치형 팀장은 언제나 '지금의 문제를 나의 팀원은 해결할 수 있다'는 믿음 아래 팀원과 관계를 쌓아가야 한다.

정원사처럼 팀을 이끄는 5가지 방법

① 스스로 뛰어난 코치가 되어야 한다. 팀원이 스스로 문제를 정의하고, 대안을 찾고, 실행할 수 있도록 자율권을 제공하고, 성장할 수 있는 환경을 줘야 한다.

② 코치인 리더는 팀원이 성공과 성장을 할 수 있도록 행동과 일하는 방식을 관찰한다. 관찰을 통해 그들의 강점을 발견하고 그 강점으로 과업을 수행할 수 있도록 도와주기도 하고, 약점이나 장애물이 방해하지 못하도록 돕거나, 함께 제거하기도 한다.

③ 팀원 스스로의 역량에 대한 믿음도 줘야 한다. 그러기 위해 관찰한 것에 기반한 구체적인 행동을 칭찬하고, 지지를 담은 피드백을 아끼지 말아야 한다.

④ 각 팀원이 일에 몰입할 수 있도록 지원하고, 일대일 면담을 수시로 진행해야 한다. 주 1회, 또는 격주 1회 정도의 간격이 좋다.

⑤ 팀은 적절한 리더십을 발휘할 수 있는 규모를 갖춰야 한다. 서로 원활한 소통을 할 수 있도록 10명 미만의 팀을 이루는 것이 좋다.

성공하는 팀장은 '이것'이 다르다

주변에 성공했다는 평가를 받는 팀장을 생각했을 때 떠오르는 모습이 있는가? 나는 성공하는 팀장은 코칭을 하는 팀장이라고 생각한다. 코치형 팀장은 팀원들을 관찰하고, 팀원의 성장을 지원해 팀 전체 에너지를 조율하며 목표를 달성해 가는 리더다.

그러나 시간과 자원은 한정되어 있다. 팀장은 한정된 자원 안에서 역량을 갖춰 팀원들이 성장하고 성과를 낼 효율적인 방법을 찾아야 한다. 그러기 위해 팀장이 갖춰야 할 핵심 역량 4가지가 있다.

전환: 관점을 팀원에게 둬라

팀장이 되면 가장 먼저 상황을 바라보는 관점을 전환해야 한다.

팀장이 되기 전까지 일을 잘하는 '나'는 이제 없다. 대신 팀원들과 함께 일해야 하는 팀장만 남아 있다. 팀장은 팀원이 일을 하도록 만들어야 성과를 낼 수 있다. 그렇다면 어떻게 해야 팀원을 주도적으로 움직이게 만들고, 또 키워서 권한을 적절히 위임하는 단계까지 성장시킬 수 있을까?

바로 관점의 전환을 통해 시작할 수 있다. 더 강하게 말하면 팀원의 성장과 성공을 위해 헌신하겠다는 마음으로 관점을 바꿔야 한다는 의미다. 물론 자신을 해칠 만큼 희생을 하라는 뜻은 절대 아니다.

자기 일을 잘하던 팀원이 승진해 팀장이 되고, 그 팀장이 기존에 성과를 내던 방식이 아닌, 다른 관점으로 바꾼다는 것은 자신이 아닌 팀원을 위해 일한다는 것을 뜻한다. 이런 행동은 조직을 향한 로열티를 보여주는 것이기도 하다. 더 풀어서 말하면 팀장이 되면서 그동안 자신이 하고 싶어 하던 일과 방식을 참고, 팀원이 원하는 것을 할 수 있도록 목표를 달성하는 걸 돕는 것이다. 이는 과거와 달리 팀원의 성장과 성공을 우선시하고, 그들의 성장을 통해 조직의 성공을 만들어 간다는 의미다.

이런 태도는 책《리더》에서도 확인할 수 있다. 저자 제임스 M. 쿠제스와 배리 Z. 포스너는 이 책에서 다양한 리더십을 이야기하면서 팀원을 위해 일하는 태도와 함께 일관성이 필요하다고 표현한다.

일관성 있게 팀원의 성장을 위해 일하면 어떻게 될까? 자연스럽게 팀원은 팀장을 따르게 된다. 우리 팀장은 회사가 아닌, 팀원인

'나'를 성장하게 해주고 성공을 돕는 리더이기 때문이다. 관점을 전환하는 데 성공하면 팀장이 말하는 내용도 이렇게 바뀐다. "회사를 위해 이걸 해야 해. 그래야 나와 네가 성공할 수 있어"가 아니라 "네 성장을 위해 이걸 해보면 좋을 것 같아. 그러면 네 이력서에 중요한 경력 한 줄이 늘어날 거야"라고.

이렇게 관점을 팀원에게 먼저 두기 위해서 가장 중요한 것은 무엇일까? 나는 목표, 즉 미션을 합치(Align)시키는 것이라고 이야기한다. 즉, 회사의 목표와 팀의 목표를 먼저 합치시키고, 팀원 개인의 과업을 팀의 목표와 합치시키는 것이다. 이를 위해서 팀원들과 소통할 때 이렇게 이야기를 해보면 어떨까?

"우리 팀의 목표를 이루기 위해 개인이 무엇을 하고 싶은지, 무엇을 잘할 수 있는지 생각해보면 좋겠어. 그리고 우리 팀의 목표가 조금 더 발전하기 위해서 멈춰야 할 것(Stop)은 무엇이고, 새롭게 시작·도전해서 할 것(Start)은 무엇이고, 놓치지 않고 계속 해야 하는 것(Continue)은 무엇일까? 그리고 그 내용 중에서 팀원 스스로 해야 할 것과 팀장인 내가 해야 할 것이 무엇인지 함께 이야기를 나눠보면 좋겠어."

목표와 미션, 그리고 과업의 일치는 그리 어렵게 생각하지 않아도 된다. 회사와 팀의 목표, 미션에 대해 솔직하게 팀원들이 이야기를 할 수 있도록 해주는 것과 합의된 미션과 목표를 각 팀원들이 어떻게 달성하고 싶은지를 주도적으로 생각할 수 있도록 해주면 충분하다.

양성: 수평적 성장에 집중하라

일반적으로 직장인에게 '성장'을 물어보면 무엇을 먼저 떠올릴까? 주로 직급이나 직책이 올라가는 승진을 떠올릴 수 있다. 물론 승진 또한 성장의 한 관점이 맞다. 회사에서 직급이 높아지면 동료와 외부 업체에 미치는 영향력이 커지고, 과업의 범위나 회사의 기대치도 올라가면서 급여가 상승하기 때문이다. 나는 이것을 '수직적 성장'이라고 말한다. 계단을 올라가듯, 내가 끼치는 영향력이 성장하는 것이다.

그러나 수직적 성장만 생각할 때 놓치는 것이 있다. 바로 '수평적 성장'이다. 수직적 성장을 권한이 많고 영향력이 큰 자리를 차지하는 것으로 설명한다면, 수평적 성장은 영향력의 범위를 넓히는 것을 뜻한다.

팀원이 수평적 성장을 하면 급여가 오르고 영향력이 커지는 것을 넘어 지식, 역량 그리고 경험이 더 풍부해진다. 나는 이 성장을 리더가 도와줘야 한다고 본다. 이것은 이후에 의사결정권을 위임할 수 있는 환경을 만드는 것과 연결된다. 이는 '양성(養成, training)'이라고 할 수 있는데, 실력이나 역량을 길러서 발전하게 하는 것을 뜻한다. 가르쳐 기른다는 의미를 가진 '육성(育成, educate)'과는 다른 의미로, 육성은 교육 관점에서 바라본다면 양성은 한 사람의 성장 관점에서 포괄적으로 바라보는 시각이다.

만약 수평적 성장을 하지 못하면 부작용이 생긴다. 최근 이전 회

상대에 따라 다른 양성 방법

구분	니즈	가르칠 것(방법)
신입사원	직장인으로 인정받기, 팀원으로 인정받기	비즈니스 에티켓(조직문화, 취업규칙, 소통하는 방법-메일, 보고서 등) 성공하는 습관(시간 관리, 우선순위, 강점 알기 등) 비즈니스 툴(엑셀, 파워포인트, 구글, 슬랙 등) 업무 관련 비즈니스 매뉴얼
주니어	성장하고 있는지 증명하기	성과 내는 케이스 스터디(성공 사례, 실패 사례) 과업의 what, why, how 주요 회의에 배석 신입사원 가르치기 피드백 방법(AAR, AAP)
시니어	내가 기여하고 있는지 인정받기, 나는 가치 있는 일을 하고 있는지 증명하기	다양한 리더십 스킬(코칭, 피드백, 컨설팅, 티칭, 멘토링 등) 다양한 리더십 케이스 스터디 인재 유형별 특징 조직 학습 방법
(경력 입사자) 시니어	내가 이 조직에서 필요로 하는 사람인지 증명하기, 조직에 적응하기	조직문화, 회사와 팀의 역사(사람, 상품과 서비스 등) 일하는 방식과 의사결정 과정 처음 접하는 비즈니스 툴 리더의 성향과 소통 노하우

사에서 팀장이 된 후배 A를 만났는데, 만나자마자 나에게 하소연을 했다. '자신은 아직 경험해보지 못한 큰일이 계속 주어지는데 스스로 생각해보면 자신이 없고, 알 만한 선배를 찾아 물어도 방법은 네가 알아서 찾아야 한다고 하더라'는 것이었다.

이런 문제를 해결하기 위해 내가 강조하는 건 일방적인 교육이 아닌 능동적인 학습이다. 학창 시절을 떠올려보자. 스스로 학습하는 친구들은 친구나 선생님에게 질문을 하고, 자기 수준을 파악해 강의를 골라 다닌다. 회사에서의 성장은 능동적으로 배울 수 있는 학습에 방점이 찍혀야 한다. 여기에 주니어, 시니어들이 각 시기에 맞는 일을 하는 방법을 배우며 성장하는 것이 바람직하다. 즉, 능동적 학습에서 가장 좋은 방법은 바로 '질문'이다. 지금 나에게 필요한 지식과 경험, 그리고 스킬 들을 잘 알고 있는 팀장이나 선배에게 물어보도록 하는 것, 또는 팀장으로서 이런 부족함을 가지고 있는 팀원에게 가르쳐줌으로써 그들의 성장을 돕는 것이다.

그렇게 팀원의 수평적인 성장을 도우면 자연스럽게 새로운 리더가 길러진다. 그 이유는 자신이 배운 대로 후배들을 다시 가르치고, 양성할 수 있게 되기 때문이다. 또 지식과 스킬을 학습한 팀원은 자연스럽게 자신감을 키우게 된다. 업무를 더 잘하기 위해 사용할 수 있는 도구도 많아진다. 기술이 늘어나면 경험 못한 프로젝트에 참여하도록 해 경력도 쌓을 수 있다. 경영을 하며 보는 최고와 최악의 사례도 경험할 수 있다. 이 과정을 거쳐 팀원은 자신도 모르게 리더가 될 준비를 한다.

이처럼 수평적 성장은 한 사람을 단단하고 강력하게 만든다. 이를 위해 팀원의 수평적 성장을 돕는 체크리스트를 정리했다. 이때 중요한 건 팀원의 업무적, 개인적인 상황과 역량을 제대로 파악해야 한다는 것이다. 아래 질문에 대해 팀원 1명을 구체적으로 떠올리며 작성해 보자. 나는 팀원에 대해 얼마나 알고 있을까?

평가: 동기부여의 기회로 만들어라

팀장이 팀원을 키우는 과정에서 피할 수 없는 일이 하나 있다. 바로 객관적으로 '평가'를 하는 것이다. 많은 팀장들이 팀원 평가에 부담을 갖는다. 그 이유는 아무리 생각해도 팀원이 생각하는 자신의 평가와 팀장이 생각하는 팀원의 평가가 일치하지 않기 때문이다. 그리고 팀장들 스스로 평가는 팀원을 움직이는 강력한 도구가 된다는 것을 알고 있기에 더 어려움을 느끼게 된다.

일반적으로 평가를 말하면 A, B, C 등급을 떠올린다. 그 또한 평가의 일부지만 나는 평가를 '평가 피드백'의 줄임말로 사용한다. 평가 피드백은 결과와 함께 잘하고 있는 행동을 구체적으로 인정 및 칭찬하는 것과 더 성장하기 위해 개선할 점을 알려주는 피드백을 통칭한다.

평가의 힘은 강력하다. 사람의 특성상 조직에서 나를 평가하는 사람이 누군지 알면 당연히 그 사람에게 잘 보이고 싶어 한다. 본인의 말과 행동이 모두 평가에 반영된다고 생각하면, 의식하지 않으려 해도 이를 고려하게 된다. 이런 삶에 익숙해지면 팀원은 평가자인 팀장 중심으로만 생각하게 된다. 그래서 평가가 중요한 것이다.

평가 또한 다양한 변수가 있는 부분이지만, 아래 5가지의 원칙을 생각하며 체크를 해보면 목적에 좀 더 부합하는 평가를 할 수 있을 것이다.

• 객관성을 가져라

이 세상에 스스로 객관적일 수 있는 사람은 없다. 그렇기에 평가에서 객관성을 조금이라도 더 얻으려면 '나와 다른 사람들도 그렇게 판단할까?'를 고민해야 한다. 한 팀원을 평가할 때 다른 동료도 자신의 생각과 비슷한 평가를 하는지 살펴봐야 한다. 자신의 시선에 갇힌 것이 아닌지 확인하는 작업을 하는 것이다.

"다른 팀원들은 이 팀원을 어떻게 평가할까? 이 사람이 없었다면 지금의 성과가 나왔을까? 지금 성과에서 이 사람의 기여도는 얼마일까?"

구체적으로 이런 질문을 스스로에게 던져봐야 한다. 이런 질문을 하지 않고 평가를 했을 때 오류가 발생할 수 있다. 실제로 어떤 팀이 하나의 프로젝트 안에서 과업을 나눠 진행했는데, 평가 결과를 보니 주로 팀장 A에게 보고를 하던 팀원 B가 가장 좋은 평가를 받았다. 팀장은 프로젝트에 대해 대부분 B를 통해서 들었기 때문에 B가 잘했다고 판단한 것이다.

과연 다른 팀원의 생각도 그랬을까? 그들에게 B는 그저 보고서를 잘 써서 팀장에게 보고만 했던 사람이었다. 다른 팀원은 실제 경쟁사 분석과 고객 조사를 통해 아이디어를 낸 C와 이를 현장에서 실행하고 문제를 밤새워 해결한 D가 프로젝트에 더 높은 기여를 했다고 이야기했다. 누가 더 좋은 평가를 받아야 할까?

객관성을 가지라는 의미는 팀장 자신에게 잘하는 사람을 찾으라는 말이 아닌, 우리 팀의 결과에 가장 큰 기여를 한 사람을 찾으라는 의미다.

• 사람이 아닌 결과를 봐라

사람보다 결과로 판단하는 건 객관성과도 연결되는 부분이다. 팀장으로서 좋게 보는 팀원이 있다면 편견을 가질 수도 있다. 예를 들어 팀원 E는 평소 동료들 사이에서 신임 받고, 분위기 메이커 역할을 한다. 게다가 E는 학벌도 좋고 자격증도 많다.

그럼 팀장은 E가 업무 성과를 보여주지 않았는데도 업무를 잘할 것이라는 섣부른 판단을 내릴 수 있다. 우리나라에서 여전히 크게 작용하는 편견(학벌, 이전 직장)이 작용했을 확률이 높다. 물론 E가 보고서도 잘 쓰고 팀장의 뜻을 빠르게 이해해 실행력이 좋다면 그건 성과가 좋다고 판단할 수 있다.

그러나 팀원은 팀장의 손과 발이 되는 사람이 아니다. 팀장이 원하는 바만 잘한다고 좋은 성과를 냈다고 볼 수 없다. 그래서 평가를 할 때는 팀원의 기여도와 구체적인 결과를 봐야 한다. 팀원이 맡은 과업의 기여도로 결과를 판단해야 한다는 말이다. 여기서 할 수 있는 질문은 "E가 한 행동은 무엇이고, 그 행동은 어떤 결과가 있었나?"이다.

• 업무의 난이도를 고려하라

각 팀원들이 맡은 과업은 똑같을 수 없다. 각자 맡은 업무의 난이도가 달라야 한다는 뜻이다. 당연히 성과를 판단할 때에도 이 점을 고려해야 한다.

같은 팀에 속한 구성원 F와 G의 상황을 비교해보자. F는 작년 매출액 100억 원, 이익 10억 원을 만들었다. 올해도 F는 같은 조직과 업무로 매출액 110억 원, 이익 10억 원을 실현했다. 반면 G는 올해 새로 출범한 조직을 맡았다. 이 조직은 회사의 신사업을 구성하고 새로운 비즈니스를 시작하는 곳이다. G는 새 부서에서 시장을 개척하고, 신상품 라인을 론칭하면서 매출액은 10억 원을 냈지만 5억

원의 손실을 냈다.

당신이 팀장이라면 누구에게 더 좋은 평가 결과를 줄까? F를 선택했다면 '조직에 기여한 매출과 이익'을 본 것이다. F는 현재 회사가 운영될 수 있는 수익을 냈기 때문이다. G라고 생각했다면 미래의 가능성을 본 것이다. G는 아직 검증되지 않았지만, 회사의 미래에 기여할 수 있는 사업을 시작했다. G가 맡은 신사업이 추후 1조원의 가치를 낼 수도 있고, 그렇게 된다면 G는 10년 후에 지금보다 100배 이상의 수익을 낸다는 계산이 나올 수도 있다.

이때 고민할 부분은 둘 중에 누가 더 높은 평가를 받아야 하는지가 아니라, 각 과업의 난이도다. 회사의 기준과 전략이 어디에 있는지에 따라 난이도는 다를 수 있다. 실무진과 경영진은 회사의 기준, 각 업무의 난이도 및 업무 가중치를 총체적으로 고려해 팀원의 성과를 판단해야 한다. 이 관점에서 F와 G를 어떻게 평가해야 할까? 이것은 회사가 중요하게 여기는 것과 전략에 따라 다를 수 있다고 생각한다. 회사에서 현재의 매출과 수익을 중요하게 여기고 있는지 아니면 성장 엔진 찾는 것을 중요하게 여기는지에 따라서 말이다.

• 업무의 기댓값도 고려하라

난이도만큼 업무의 기댓값도 중요하다. 사람과 조직의 기댓값에 따라 평가도 달라지기 때문이다. 현실은 더 복잡하겠지만 단순하게 연봉으로 비교해보자. 5000만 원 연봉을 받는 H와 2억 원 연봉을 받는 I가 있다. 올해 H는 10억 원의 매출을 냈고, I는 15억 원의 매출을 기록했다고 할 때, 환경과 조건이 모두 같다면 회사에 기여를 더 많이 한 사람은 H가 될 것이다.

단순 결과만 비교하면 I가 더 좋은 결과를 냈지만 연봉 대비 I에게 부여된 기댓값은 H보다 높은 매출 20억 원 또는 30억 원일 수 있다. 그렇기에 팀원의 역량을 기반으로 기댓값을 설정한 뒤, 그 결과를 보고 팀원의 성과를 판단해야 한다. 1~2년 차 신입사원과 4~5년 차 대리급 직원에게 요구하는 기대가 다르다고 이해해도 좋다.

• 공(功)과 과(過)의 구분을 확실히 하라

팀원의 기여와 성과뿐 아니라 잘못하거나 부족한 부분에 대한 파악도 필요하다. 단, 주의할 점이 있다. 공과 과를 나누더라도 그 성과를 합치고 뺀 숫자로 계산해서 '최종 몇 점'으로 점수화해서는 안 된다는 것이다.

예를 들어 J가 신상품 개발로 회사에 10억 원의 이익을 창출했다고 해보자. 그런데 다른 이슈에서 비합리적인 의사결정을 내려 회사에 피해도 줬다고 하면 어떻게 해야 할까? 이럴 때는 이익에 대해선 보상을 제공하고, 피해를 입힌 것에 대해서는 징계를 해야 한다. 아무리 10억 원의 이익을 냈다고 해도 과를 완전히 무시해서는 안 된다는 의미다.

실제로 J와 같은 사례가 있었는데, 회사는 잘한 일에 성과급을 지급했고 잘못을 피드백하기 위한 징계위원회도 열어 징계 처분을 내렸다. 공은 공이고, 과는 과다. 더하기와 빼기가 아닌, 공과 과를 그대로 평가해야 한다.

평가를 할 때 위의 5가지 기준을 지키려고 노력해도 사람이 하는 일에 치명적인 '버그(bug)'가 생길 수 있다. 바로 '내가 사람을 가장 잘 본다'고 믿는 착각이다. 이런 시선으로만 팀원을 보면 하향식 평가를 내리기 쉽다.

하향식 평가는 조직에서 상당히 위험한 칼이 될 수 있다. 경영자는 팀장을 평가하고, 팀장은 팀원을 평가만 하면 된다는 생각은 평가를 상사의 무기로 만든다. 이 시스템이 자리 잡을수록 팀원은 팀장에게 좋은 평가를 받기 위해서만 일한다. 심하게 말하면 고객은 뒷전이 되고, 오로지 팀장이 원하는 것, 중요하게 여기는 과업에 대해서만 일하는 모습을 보일 수도 있게 된다는 의미다. 팀장 입장에서는 그렇게 하는 것이 좋게 보일 수 있지만, 실제 우리의 고객에게 어떤 가치를 제공했는지를 기준으로 평가를 해야 한다.

팀장은 나를 위해 일하는 직원들이 늘어나면 팀이 성공하고, 팀이 일을 더 잘할 수 있을 거라는 착각을 절대 하면 안 된다. 팀장만 바라보는 직원들은 사람을 따르는 게 아니라, 팀장이라는 그 자리를 따르는 것이다. 평가를 할 수 있는 권위에 대해서만 충성을 하는 것이다.

그래서 팀장에게 더 객관적인 평가 기준이 필요하다. 팀장 스스로 '나의 평가가 정답이 아닐 수도 있다'고 인정하면서 팀원을 제대로 평가해 일할 동기를 줄 수 있도록 노력해야 한다. 팀원은 제대로 평가 받지 못하면 일에 대한 몰입도, 성과 관리에 대한 믿음을 잃어 버릴 수 있다. 평가가 팀원이 자신의 존재와 가치를 인정받는 동기부여의 시간이 되도록 해줘야 한다.

위임: 구성원에 맞게 업무를 분배하라

위임은 팀장이 팀원을 '믿는다'는 걸 의미한다. 여기서 믿음은 두 가지다. 하나는 팀원의 실력을 믿는 것, 다른 하나는 그가 그 과업을 책임지고 수행할 것이라는 믿음이다. 팀장은 절대로 모든 일을 다 할 수 없다. 자신이 직접 할 수 있는 리소스의 한계를 인정하고 팀원과 시스템을 통해 업무를 분배해야 한다.

그렇지만 팀장들은 위임을 하는 것에 어려움을 넘어 두려움까지 느끼기도 한다. 많은 팀장들이 어떻게, 누구에게, 무엇을 위임해야 할지도 모르겠다고 말한다. 이렇게 말하는 팀장은 팀원을 제대로 파악하지 않은 상황에 더해 리더십을 제대로 활용하는 방법도 이해하지 못했기 때문에 두려움을 느끼기 마련이다.

대표적으로 구성원이 자신을 따라오기만 하면 된다는 리더십이 있다. 팀장이 가진 고유의 리더십에 맞춰 팔로워십(Followership)을 요구하는 것이다. 그러나 이 방법은 옳지 않은 경우가 더 많다. 신입사원과 경력사원, 열정이 있는 팀원과 의지가 없는 팀원에게 모두 다른 리더십이 요구된다. 팀장은 다양한 리더십 스킬에 대해 충분히 이해하고, 팀원의 역량과 열정에 맞게 리더십을 발휘해야 한다.

이 중에서 위임은 스스로 성취하는 사람인 에이스(ACE), 소위 '일 잘러'에 해당하는 이야기다. 에이스는 과업에 대해 지식과 경험을 충분히 갖추고 있고, 그 일을 수행할 의지와 열정을 가진 팀원이다. 이처럼 의지와 역량에 따른 코칭 방식의 구분은 3장 '팀원에 따라 팀장의 시간을 다르게 사용하라'에서 더 자세히 알아보겠다.

팀장이 먼저 위임을 하려고 하기보다, 팀원이 먼저 위임을 받을 역량을 갖춘 준비된 사람으로 성장하는 것이 중요하다. 이런 선순환을 만들기 위해 리더는 역량과 동기부여를 갖춘 팀원을 발굴하거나 성장하게 해서 그들에게 권한과 책임을 제대로 넘겨야 한다.

에이스에게 제대로 권한을 위임하는 방법

① 목표를 구체적으로 설정한다. 에이스는 목표가 설정되면 알아서 일한다.

② 목표를 20~30퍼센트 향상하거나, 기존과 다른 새로운/어려운/확장된 목표를 부여한다. 이를 통해 에이스는 학습하고 성장하며 더 큰 역량을 키울 수 있다.

③ 에이스가 어떻게 일하는지 관찰하면서 잘하는 행동은 인정·칭찬하고, 개선점은 피드백해 줘야 한다. 아무리 뛰어난 사람에게도 피드백은 필요하다. 피드백은 곧 성장으로 이어질 수 있기 때문이다.

④ 에이스에게 성공을 위한 장애물이 무엇인지 물어보고, 그가 원하는 장애물을 제거해준다.

1장을 읽은 후, 아래 질문에 답해보자.

Q. 1장에서 기억에 남는 문장은 무엇인가?

Q. 그 문장이 기억에 남는 이유는 무엇인가?

Q. 실제로 적용할 수 있는 구체적인 Action Plan은 무엇인가?

"언젠가 여유 있을 때 배우겠다고 말하지 말라.
여유 있을 때 배우려 한다면 끝내 여유를 갖지 못할 것이다."

– 탈무드 미쉬나 〈아보트〉 편 –

2장

세상에
완벽한 팀장은 없다

실패하는 팀장의
4가지 공통점

'욕하면서 닮는다'고 한다. 자신도 모르게 욕했던 팀장의 나쁜 모습을 흡수해, 막상 내가 팀장이 되었을 때 팀원에게 나쁜 행동을 하는 사례를 자주 경험할 수 있다. 실패하는 팀장이 있는 조직에서는 구성원도 나쁜 영향을 받고, 나중에 실패하는 리더가 되기 쉽다.

직원들과 면담을 할 때면 자신의 팀장에 대한 불만을 꽤 듣는다. 사람이 서로 일하다 보면 당연히 불만은 생길 수 있다. 그러나 그 불만이 누적되고 심해지면 상황은 달라진다.

취업포털 잡코리아와 알바몬이 2020년 조사한 내용에 따르면, 직장인 2288명 중 52.1퍼센트가 퇴직 사유를 감췄다. 그런데 숨겼던 퇴사 사유 1위는 직장 내 갑질 등 상사·동료와의 갈등이었다. 그만큼 나쁜 상사는 실제 퇴사 결정에 결정적인 요인이었던 것이다.

대기업 인사팀장으로 일할 때 퇴사한 직원들의 진짜 이야기를 듣기 위해 의도적으로 퇴직 후 2~3개월 뒤에 만나 이야기를 들은 적이 있다. "이제는 말할 수 있다"며 말한 퇴사 이유의 대부분은 '상사의 비합리적인 행동'이었다. 나는 "그때 (인사팀에) 이야기를 했다면 회사에서 조치를 취하지 않았을까?"라고 물었는데 쏠쏠한 대답이 돌아왔다. "어떻게 그걸 팀장 때문이라고 이야기해요. 저 혼자 사라지면 되는 문제인데요."

이런 대화가 쌓이면서 나는 인사 책임자로서 어떤 팀장을 세우는지보다 어떤 팀장을 세우지 말아야 하는지가 더 중요한 것은 아닐까라는 생각을 하게 되었다.

실제로 팀원의 마음과 상황을 제대로 살피지 못한 리더는 인재를 놓친다. 이 상황이 반복되면 회사는 어떻게 될까? 조직은 경쟁력을 잃고, 결국 무너진다. 물론 처음에는 인사팀에서 인원을 충원해주겠지만, 문제가 반복되면 문제 있는 리더를 바꾸거나 현재 인원으로 성과를 내도록 압박한다. 악순환이 끊이지 않는 것이다. 이 문제를 해결하기 위해 먼저 실패로 향하는 리더의 전형적인 모습 4가지를 살펴보자.

성공은 모두 나에게

어떤 팀장은 경영자의 모든 칭찬과 인정을 자신이 가져가고, 함께 수고한 팀원의 공을 회사에 알리지 않기도 한다. 팀장이 성과를 자신의 공으로만 가져가고, 혼자만 승진하는 길을 택하면 팀원들은 허망함을 느낀다. 승진을 한 임원이나 프로젝트에서 우수한 성적을 올린 팀장이 소감 발표를 할 때 자신의 성과, 노력, 수고만 자랑하고 내려올 때마다 함께 고생했지만 각자의 성과는 마음에 묻은 팀원들의 표정이 기억난다.

주로 '나는 정답을 알고 있다, 나는 가장 탁월하다'는 생각에 빠진 팀장은 성공을 독식하려 한다. 자신은 완벽해서 잘못하는 일이 없고, 이미 모든 것을 알고 있어서 더 이상 배울 점도 없다고 생각한다. 그래서 우리 조직의 성공은 나로 인한 것으로 판단하고, 만약 실패하면 그 원인을 팀원에게서 찾는다. 결국 자신의 생각만을 정답이라 여겨 다른 팀원의 아이디어를 무시하게 된다.

이런 팀장은 팀원이 누가 봐도 괜찮은 아이디어를 가져와도 자신의 것이 아니기에 그 아이디어가 채택되지 않도록 비판한다. 심할 경우 팀원보다 자신이 더 뛰어난 사람이란 점을 보여주기 위해 무리하게 본인의 아이디어가 실행되도록 노력한다. 이런 과정이 반복되면 재앙에 다다른다. 스스로 완벽하다고 믿는 팀장의 생각과 그의 아이디어에 동의하는 팀원만 조직에 남게 되는 것이다. 과연 그 조직에 성장이 있을까?

실패의 원인은 팀원에게

아무리 좋은 팀이라고 해도 모든 프로젝트를 성공시킬 수는 없다. 그래서 실패하면 그 원인과 과정을 다시 돌아보는 피드백을 하게 된다. 이때 잘못된 리더십을 보여주는 팀장은 실수와 실패 원인을 모두 팀원 탓으로 돌린다. 팀장이 스스로 완벽하다고 생각하면 성공은 모두 '내 덕'이고, 실패는 '네 탓'이 된다.

이런 팀장은 실패의 이유를 자신이 아닌 외부에서 찾는다. 먼저 팀원 때문이다. 능력이 없고, 나의 지시를 따르지 않았고, 좋은 아이디어를 제대로 실행하지 못했기 때문이다. 환경을 탓하기도 한다. 부족한 투자, 경제적 상황, 날씨도 실패의 원인이라고 생각한다. 또 자신의 상사가 실패의 주범이 되기도 한다. "나는 제대로 진행하려 했는데, 본부장님이 나한테 권한을 안 준 거야. 내가 처음 이야기했을 때 결정해줬으면 성공했을걸"이라고 팀원들에게 말하는 팀장, 익숙하지 않은가?

예전 회사에서 인사실장으로 있을 때, A급 인재라고 판단한 팀장이 있었다. 그의 강점은 '문제의 원인을 찾아내고, 그 문제를 해결하는 전략을 기획하는 것'이었고, 실제 사업부 2곳에서 성과를 낸 적이 있기에 그의 역량을 의심한 적은 없었다.

그런데 이 팀장은 인사 책임자인 나를 만날 때와는 다르게 팀원들과 피드백 미팅을 할 때마다 실패의 원인을 외부에서 찾았다. '협업 부서가 비협조적이라 실패했다' '내가 제안한 전략이 채택되지 않았다' '경영자가 내 아이디어를 동의해주지 않았다' 등의 이야기를 스스럼없이 했다. 회사는 이 A급 직원의 역량이 아까워 3곳의 법인을 이동시켜가며 기회를 줬다. 하지만 결과적으로는 회사에 더 적응하지 못하고 퇴사를 했다. 아니, 모든 동료들이 이 팀장과 함께 일하는 것을 거부했다고 말하는 것이 맞을 것이다.

프로젝트가 실패했을 때 팀장이 해야 할 행동은 무엇일까? 나는 팀원을 격려하는 것이라고 생각한다. 실패는 결과다. 바꿀 수 없는 과거이기도 하다. 과거에 연연하지 말고 지금과 미래에 집중해야 한다. 설령 팀원의 잘못 때문에 실패했다고 하더라도 그 과정에서 잘한 행동을 칭찬하고 격려를 먼저 하는 것이 필요하다. 그래야 그 팀원은 실패에 좌절하지 않고, 다시 도전할 것이다. 그리고 다음엔 성공할 수 있을 것이다.

팀원은 내 위치를 확인하는 도구일 뿐

'남 탓만 하는 팀장'의 성공 기준은 자신의 명성이다. 이 역시 외부의 시선을 기준으로 한 것이다. 이들은 남보다 자신이 더 뛰어나야 하기에 팀원의 성공을 성공으로 받아들이지 못한다. 자신의 명성이 드러나지 않으면 속한 조직의 성공도 지지하지 않는다.

자신의 성공만 생각하는 리더는 팀원의 의사를 존중하지 않고, 팀원에게 호통과 질책을 쏟아낸다. 그러면서 팀원에게 긴장감을 유지하고 동기부여를 하기 위해 질책했다고 명분을 제시한다. 하지만 본심을 들여다보면 이때 한 질책은 자신이 더 높은 자리에 있고, 내가 너를 평가하는 사람이라는 본인의 위치를 확인하기 위한 방법으로 사용하곤 한다.

이런 질책에 익숙해진 팀원들은 어떻게 될까? 패배감을 느끼고 도전에 수동적인 태도를 보인다. 조직에서 튀지 않고 리더의 의견에 거슬리지 않으려 노력하고, 도전이 아닌 안전하게 성과를 낼 수 있는 과업에만 집중하게 된다. 즉, 조직에 역동성과 활동성이 사라지고, 기존에 하던 과업을 반복해서 하는 모습만 보여준다는 의미다.

이런 리더들은 경영자 앞에서는 또 다른 가면을 쓴다. 자신의 성공을 위해 경영자, 또는 자신을 평가하는 상대에게만 잘 보이면 된다고 생각하기 때문이다. 아이러니하게도 이런 전략은 잘 맞아떨어지곤 한다. 그래서 이런 팀장은 조직에서 높은 평가를 받기도 한다.

단기적으로는 팀원을 닦달해 성과가 나겠지만, 시간이 지날수록 팀원들은 최선을 다해 일에 몰입하지 않고 적당한 노력만 한다. 그리고 A급 팀원들은 이탈하고, 팀장에게 아부하는 팀원만 남게 될 것이다. 이걸 회사가 모를까?

이런 방식으로 조직을 이끄는 팀장이 많아지면 기업 문화가 망가지는 건 시간문제다. 팀원의 성장에는 관심이 없고, 고객을 위한 헌신도 중요하지 않다. 팀원은 그저 자신보다 부족한 사람일 뿐이라고 생각한다. 그러면서 항상 모든 일을 다 자신이 한다고 말할 것이다.

절차와 형식에만 집착하는 팀장

일상이 질책으로 가득 찬 팀장의 심리에는 '불신'이 자리 잡고 있다. 이들은 왜 팀원을 믿지 않을까? 그 이유 중 하나는 모든 것이 본인 위주로 돌아가야 하기 때문이다. 특히 업무 역량이 뛰어난 팀원이 나타나면 그를 인정하지 않는데, 자신보다 뛰어난 A급 인재를 발견하면 어떤 방법을 써서라도 자신의 방식으로 길들이려고 한다. 그들의 성과를 인정하지 않은 채, 아이디어는 비판하고, 성장의 기회가 될 중요한 일은 맡기지 않는다. A급 인재가 모든 공을 팀장에게 돌리면 그때야 비로소 괜찮은 팀원으로 인정해줄 뿐이다. 이유는 간단하다. A급 팀원은 자신이 성장시켜야 할 직원이 아닌, 자신의 자리를 위협하는 경쟁자이기 때문이다.

대신 팀원이 일을 진행하는 과정은 세세하게 확인한다. 사소하게 공유되는 정보와 의사소통, 의사결정에서도 자신이 '패싱'되면 화를 낸다. 본인이 모든 것을 알아야 한다고 생각하기 때문이다. 당연히 팀장의 시야는 좁아질 수밖에 없다. 큰 그림을 그려야 할 때 디테일에만 신경 쓰고, 다음을 준비해야 할 때 과거와 현재에만 집착하게 된다. 또한 다른 사람들이 바라보는 자신의 모습이 중요해서 형식에 얽매인다. 형식만 중요하게 여기는 팀장은 자산과 인재를 낭비한다. 예를 들어 보고 체계와 보고서에 신경 쓰게 되고, 자신의 결재를 받아야만 일의 진척을 낼 수 있게 한다. 그러면 자신에게 승인을 받기 위해 매일 대기하는 팀원이 줄을 서기도 한다.

더 큰 문제는 채용에 있다. 좁은 시야를 가진 팀장은 지원자의 배경만 보기도 한다. 학벌, 가정환경에만 신경 쓰느라 지원자의 경험과 역량을 제대로 들여다보지 못한다.

본인이 다 할 수 없다는 것을 인정하는 팀장의 경우는 자신과는 다른 경험, 지식, 탁월함을 가진 팀원을 채용하는 반면에 좁은 시야를 가진 팀장은 자신이 이해할 수 있는 배경에만 집착하게 되는 것이다. 성공하는 팀장은 역량이 있는 팀원에게 의사결정권을 넘긴다. 만약 팀장만이 결정권을 틀어쥐고 있으면, 모든 의사결정은 팀장이 이해할 때까지 지연되고, 팀장이 아는 만큼만 결정된다.

팀장이 형식에만 치우치다 보면 도전과 변화를 싫어하게 된다. 실수를 하거나 실패하는 자신과 팀의 모습을 용납할 수 없기 때문이다. 실패하지 않기 위해 달성 가능한 목표와 인정받을 수 있는 일에만 도전한다. 도전을 회피하는 '회피형 팀장'이 되면서 높은 목표를 설정하지 못하게 된다. 높은 목표는 달성 가능성보다 실패 가능성이 더 높고, 기존의 방식이 아닌, 익숙하지 않거나 어렵고 새로운 방식을 사용해야 하기 때문이다.

이런 특성은 팀장급이 아닌 일반 직원들에게서도 자주 보인다. 정답이 있는 프로젝트에만 도전해 인정을 받으려는 안전지향성이 있는 사람들의 공통점이다. 하지만 도전적인 일을 하지 않으면 나의 일하는 방식, 지식과 경험에 변화가 없기 때문에 당연히 성장할 수 없다. 팀장들은 이것을 더욱 경계해야 한다.

주저앉는 경험이 익숙한 리더는 실패를 겪었을 때 완벽한 자신의 모습이 사라졌다고 느낀다. 비난받을 것만 두려워해서 다시 일어날 생각을 못 한다. 회복을 할 정신력과 체력을 키우지 못한 것이다.

A급 팀원, 갑자기 왜 퇴사한다고 할까?

팀 내에서 A급 인재는 중요하다. 팀의 성과에 큰 영향을 끼치기 때문에 A급 인재를 공들여 영입하는 것은 드문 일이 아니다. 그런데 이렇게 애써 영입한 A급 인재가 퇴사한다고 하면 팀장은 속이 참 답답하다. 도대체 왜 퇴사한다고 하는 걸까? 단지 팀장이 싫다는 이유만으로 이들이 퇴사하는 것은 아니다. A급 인재가 퇴사하는 경우를 짚어보며 팀원이 팀장에게 원하는 것을 좀 더 알아보자.

더 성장할 여지가 없는 경우

A급 인재에게 성장이라는 단어는 정말 중요하다. 나는 성장을 어제보다 나은 내일을 만드는 것이고, 성장을 하려면 행동 변화를 이

끌 동기가 필요하다고 말한다.

그렇다면 A급 팀원에게 변화 동기는 무엇일까? 사람마다 조금씩 다르지만 가장 많이 발견되는 건 '성장을 한 뒤에 느끼는 만족감'이다. 이들은 기존에 경험하지 않았던 새로운 과업이나 경력에 비해 큰 프로젝트를 해내면서 성장한다고 느낀다. 또 조직에 있는 롤 모델과 함께 일할 때, 그를 보며 자신의 미래 모습과 학습하고 성장해야 할 부분들을 찾는다. 그러나 이런 것이 없다고 느껴지는 순간부터 회사에 있는 시간이 곧 정체된 시간이라고 판단한다.

게다가 도전할 만한 과업에서 제외되거나 중요한 직책이 자신에게 오지 않을 것 같다는 생각이 들면 이 생각은 더욱 강해진다. 그러면 퇴사를 결심하고 자신이 성장할 수 있는 다른 조직을 찾는다. A급 직원들은 어딜 가든 잘할 수 있다는 자신감이 있기 때문이다.

업무의 주도권이 없는 경우

A급 팀원의 공통점은 주도적으로 일한다는 것이다. 물론 1~2년 차 정도의 낮은 연차라면 배움의 시기이므로 지시를 따르는 상황이 더 많을 수밖에 없다. 그러나 A급 팀원은 스스로 일을 실행할 수 있는 연차가 되었다고 판단하면 주도적으로 목표를 설정하고 일하는 방법을 찾는다. 그럼 일을 혼자서 실행할 수 있는 때는 언제일까? 이런 질문에 나는 1~2년 차일 수도 있고, 5년 차, 10년 차일 수도 있다고 이야기한다. 연차보다 중요한 건 각자의 역량이기 때문

이다. 능력이 된다면 2년 차의 직원도 자신의 업무에서 주도적일 수 있다.

판단 능력을 갖춘 A급 팀원은 본인이 할 수 있는 범위에서 의사 결정을 위임받고 싶어 한다. 하지만 철저히 팀장의 손과 발이 되어야만 하는 상황에 처하면, 이들은 알아서 짐을 싼다. 더 이상 성장할 수 없는 곳이라 판단하기 때문이다. 그래서 이들이 스스로 성장하도록 만들기 위해 팀장은 팀원에게 어떤 업무를 어디까지 위임할 것인지 고민하고, 팀원과 함께 합의해야 한다.

조직에 기여도가 낮다고 느끼는 경우

사람은 기본적으로 자기 자신을 관대하게 평가한다. 일로 본다면 자신이 업무에 기여한 객관적인 공헌보다 수고하고, 헌신한 부분을 평가에 반영하기 때문이다. 예를 들어 목표 달성은 못했더라도 그 과정에서 야근을 얼마나 했는지, 현장을 얼마나 많이 다녔는지를 자기 평가에 반영한다는 의미다.

반면 A급 팀원은 스스로에 대한 평가를 나름 객관적으로 내린다. 그게 가능한 이유는 자기 자신에게 거는 기대치를 높게 두기 때문이다. 목표가 10인 팀원에게 12를 해내면 잘했다고 평가하지만, A급 팀원은 자신의 목표를 10이 아닌 20으로 잡는다. 그래서 10을 기대하고 12를 해낸 일반 팀원들보다 높은 성과인 15를 냈더라도, 스스로에게 낮은 평가를 내리는 경향이 있다.

이때 중요한 건 적절한 목표를 설정하는 것이다. A급 팀원이라 할지라도 너무 과한 목표를 잡으면 목표 미달이 반복돼 실망이 쌓이게 된다. 너무 높은 목표를 반복해서 잡는데 목표 달성만 보니까 "나는 항상 못해"라고 자평하는 것이다. 거꾸로 낮은 목표를 설정하면 자신의 가치와 기여를 낮게 보는 팀장에게 실망해 조직을 이탈할 수 있다. 그래서 A급 팀원과 목표를 설정하고 합의할 때는 그의 경력과 경험보다 조금 높은 수준으로 목표를 잡아주며 그 기대를 구체적으로 전달하는 센스가 필요하다.

'B급 팀장' 밑에서 일하는 경우

교만한 태도를 보이며, 자신이 최고가 되기 위해 팀원의 성장을 방해하는 팀장이 바로 'B급 팀장'이다. 심지어 이들은 A급 팀원도 동료가 아닌 경쟁자로만 여긴다. 성과 낸 사람, 조직에서 가장 중요한 사람, 인정은 늘 자신의 몫이어야 하고, 주인공은 자신이어야 하기 때문이다.

A급 팀원은 이런 리더의 습성을 곧바로 파악한다. 이들의 기준은 실력이기 때문이다. 그래서 B급 팀장이 새로 세워지면 A급 팀원은 회사의 인사 시스템과 경영자의 안목을 불신하기 시작한다. 이런 사람을 팀장으로 세웠다는 것에서 회사와 경영자에 대한 신뢰를 잃는 것이다. 회사에 애정이 있다면 조직의 미래까지 걱정하며 여러 제안을 하기도 하지만, 이마저 변화가 크지 않으면 자신의

미래를 위해 새로운 팀을 찾거나, 이직 등 플랜 B를 세운다.

새로운 일, 비즈니스를 할 준비를 끝낸 경우

위에 언급한 A급 인재가 퇴사하는 4가지 이유는 외부 영향을 받은 경우다. 외부 영향이기 때문에 그 이슈를 제거하면 인재를 유지할 수도 있다는 의미다. 그러나 지금 소개할 이유는 팀원의 미래를 위해 팀장이 응원해줘야 하는 경우다.

A급 팀원은 자신의 강점을 명확히 알면, 자신이 어떤 일을 할 때 성과를 내는지도 금방 파악한다. 업무 경험을 통해 지식과 비즈니스 관계를 쌓고, 자신을 도와줄 사람이 누군지도 고민한다. 그리고 준비가 되었다고 느낄 때 스스로의 능력에 따라 더 큰 성과를 이루고자 한다.

이 과정에서 A급 팀원은 목표를 새롭게 설정한다. 완전히 자기 주도적일 수 있는 자신의 사업을 꿈꾸기도 하고, 더 큰 조직이나 과업을 수행하려고 이직을 준비하기도 한다. 차근히 준비에 나선 A급 팀원은 그 준비를 끝내는 대로 새로운 도전을 바로 시작한다.

물론 이때 배신감을 느끼는 팀장이 있을 것이다. 좋은 팀원이 떠나 아쉬운 마음도 이해를 한다. 하지만 팀원의 관점에서 인생의 비전이자 성장을 고민해보면 생각이 달라지게 된다. 퇴사하면서 생길 업무 공백을 걱정하거나, 지금까지 팀원의 성장을 위해 내가 쓴 시간과 노력을 아까워하기보다, 팀원의 입장에서 *그가 성장을 위해*

회사에 남는 게 맞을지, 퇴사해 새롭게 도전하는 것이 맞을지 고민해보는 것이다. 만약 그가 회사에 남는 게 더 옳다는 판단이 든다면 무조건 '서운하다'고 하기보다 이렇게 이야기해보면 어떨까?

"이번 프로젝트를 2년간 하면서 쌓은 경험으로 더 큰 기업으로 가는 게 너의 커리어에 도움이 될 것 같아. 대신 함께 일하는 동안 제대로 일해보자. 나도 너의 일을 돕고, 2년 뒤 너의 이동 역시 최대한 도울게"라고 말이다.

팀장이 팀원을 성장시키기 위해서는 회사 안에서의 성공과 성장만이 아니라 그 팀원의 인생에서 이루고자 하는 꿈과 비전을 도와야 한다. 그래서 팀장은 팀원의 꿈과 비전에 관심을 가져야 하고, 그 꿈과 비전을 이룰 수 있도록 필요한 역량, 경험, 지식이 무엇인지에 대해 팀원과 수시로 대화해야 한다.

이는 회사 안에서의 과업과 경험, 학습과 성장 또한 팀원 개인의 꿈과 비전을 이루기 위함이어야 한다는 의미다. 이때부터 팀원은 자신의 팀장을 '나를 성장시켜주고, 성공시켜주는 리더'로 인정하게 된다는 것을 기억하자.

팀장이 여유를 잃어버렸을 때 벌어지는 일들

실패한 팀장들은 공통적으로 좁은 시야, 변화와 도전을 두려워하는 모습을 보인다. 조직 내 행동으로 말하면 당장 눈앞의 성공만 쫓아간다고 할까? 왜 이들은 당장의 상황에만 집착할까?

이유는 간단하다. 여유가 없기 때문이다. 이는 지금 당장의 성과에 집중하면서 자신의 안전에만 골몰하다 보니 문제가 생긴 것이다. 다른 것을 돌아볼 여유가 없어진 팀장이 이끄는 팀, 과연 어떤 일이 생기는 걸까?

그 팀장의 머릿속에 박힌 네 글자 '지금 당장'

'지금 당장'. 팀장에게 육성으로 이 단어를 들은 사람이 참 많을 것이다. 이 단어는 여유가 없는 팀장에게 나타나는 대표적 행동이다. 마음이 급한 팀장은 코앞에 닥친 일과 이슈를 해결하려고만 한다. 팀원을 찾을 때도 "지금 당장 내 자리로 와" 또는 "지금 당장 전화해"라고 말한다. '지금 당장'만 신경 쓰니 장기적인 계획은 사치다. 여유가 없으니 일의 우선순위와 중요도도 뒤죽박죽이 된다. 눈앞의 일만 하니 초기에는 성과가 나는 것처럼 보이지만, 금세 준비한 액션들이 동이 나서 조금만 시간이 지나면 성과가 막혀버리게 돼 버린다.

예를 들어 회사에 지금 당장 1억 원이 필요하다고 해보자. 그러면 1억 원의 돈을 마련하기 위해 집중을 해야 하고, 결국 돈을 마련하느라 조직이 나아갈 방향성과 현재 산업의 트렌드를 보지 못할 수 있다. 회사의 장기적인 미래를 보지 못하면 놓친 미래는 경쟁사가 가져간다. 경쟁사에 빼앗긴 고객을 다시 찾아올 수 있을까? 그만큼 여유는 장기적인 비전에 중요한 요소다.

반대로 팀장이 정신적으로 여유를 가지고 있다면, 조직이 성공하고 성과를 내기 위한 우선순위를 구체적으로 세울 수 있다. 보통 조직에 영향력이 큰 우선순위 과업은 쉽게 풀리지 않는다. 그렇기에 충분한 고민과 시간이 필요하다. 다 함께 모여 고민하고, 국내외 사례들을 찾아보고, IT 기술과 다른 부서와의 협업 등 다양한 관점에서 문제를 바라보는 시간이 있어야 문제 해결의 실마리를 찾을 수 있게 된다. 그래서 어려운 문제, 중요한 문제일수록 최선의 성과를 내기 위해 먼저 여유를 가지는 것이 필요하다.

여유 없는 팀장 아래 여유 없는 팀원

여유가 없는 팀장은 '잘못된 의사결정'을 종종 내린다. 다양한 관점에서 의견을 듣고 고민하는 것이 아니라, 일부 정보만 듣고 직관적으로 빠르게 의사결정을 하기 때문이다. 조금 더 바람직한 의사결정을 하려면 객관적이고 다양한 정보를 확인해야 한다. 물론 이전에 비슷한 사안을 다룬 경험이 있거나, 소소한 작은 결정은 직관적으로 판단할 수도 있다. 하지만 어려운 문제에 대해 결정을 내려야 하는 경우는 다르다.

이 관점에서 시간과 여유가 없는 팀장은 팀원과 제대로 소통하지 못한다. 팀원이 스스로 정답을 찾아 실행하고 피드백하는 것도 기다리지 못한다. 지시를 내린 지 1시간도 지나지 않았는데, 어떻게 실행했는지 결과를 요구하는 팀장을 본 적 있을 것이다. 성격이 급한 걸까? 나는 여유가 없기 때문이라고 말하고 싶다.

이처럼 여유가 없는 팀장 아래 있는 구성원들은 늘 답답하고 찜찜함을 느낀다. 팀장이 여유가 없으면 팀원도 여유를 갖지 못한다. 팀원들의 자책도 늘어날 수밖에 없다. 실수를 자주 하게 되니까 '팀장님의 지시를 조금만 더 빨리 들었다면' '시간이 하루만 더 있었다면'과 같은 생각으로 자책하며 동기를 잃고 만다. 또 팀장의 속도에 맞춰서 일하는 팀원들은 보고를 빠르게 해야 하니 놓치는 부분이 많아지고, 일처리를 할 때 자주 실수할 수밖에 없다. 잦은 실수에 잦은 수정, 일이 비효율적으로 반복되는 이유다.

결론은 번아웃 증후군

이처럼 여유 없는 팀장은 각 직원의 자신감 하락이라는 악순환으로 이어진다. 만족스럽지 못한 결과와 일처리에 대한 비판과 자책이 반복되면, 에이스 직원이라 할지라도 결국 자신감을 잃게 된다.

비효율적인 프로세스가 반복되면서 아무리 멘털이 강한 사람도 정신적·체력적으로 버티지 못하는 상황이 된다. 이때 나타나는 게 바로 '번아웃 증후군'이다. 팀장으로부터 일할 동기를 받아야 하는 팀원들이 제대로 된 피드백을 받지 못하니, 일에 몰입하지 못하고 기운이 빠지는 것이다.

기력 소진을 느끼는 A급 팀원들은 빠르게 이직을 결심하는데, 현재 조직에서 자신이 기여할 바가 없고, 성장할 가능성이 없다고 느끼기 때문이다. A급 팀원에게 성장은 인정과 함께 자신의 존재에 중요한 의미를 부여하는 것이고, 일을 통해 그 의미를 찾아가기 때문에 성장할 수 없다고 느끼는 순간 일의 의미도 잃어버린다.

이런 악순환을 푸는 방법이 있을까? 내가 전에 몸담은 회사에서는 경영자를 대상으로 '1년에 한 달 휴가 보내기'라는 제도를 기획했었다. 이 프로젝트는 회사의 위기경영이 지속되면서 기획에서 끝나고 실행에 옮기지는 못했다. 하지만 다른 방식으로 잠시 휴식기를 보내고 온 경영자는 "쉬는 동안 여기저기 다니면서 생각을 많이 하게 되니 회사가 다음에 뭘 해야 할지, 지금 뭘 놓치고 있는지 보였다"는 소감을 전해줬다.

나 또한 인사실장으로 근무할 때 인생의 두 번째 번아웃을 경험했었던 적이 있었다. 아무것도 하지 못하는 상황 속에서 내가 선택한 것은 연차를 몰아서 사용하는 것이었고, 3주라는 시간의 쉼을 통해 해결되지 않는 고민을 하는 것이 아닌, 내 고민의 원인과 대안을 찾을 수 있는 여유를 얻게 되었다. 물론 가족들과의 추억도 덤으로 얻게 되었고, 이후 내 삶의 10년에 대한 큰 그림을 그릴 수 있었다. 3주라는 짧은 여유 시간이 내게는 10년의 계획을 가져다주었고, 지금도 그 플랜을 실행하고 있는 중이다.

팀장급 리더가 휴식을 통해 몸과 마음을 충전할 수 있는 시간을 갖게 된다면 다시 일에 몰입할 수 있는 에너지를 회복할 수 있다. 휴식기에 리더는 몸과 마음의 여유를 가지고, 회사의 장기적인 비전과 전략을 구상할 수 있다. 여유가 생기면 우선순위를 볼 수 있는 시야도 생길 수 있다.

1년이 길다면 분기나 반기 단위로 리더에게 충전할 시간을 주는 것도 도움이 된다. 강제적으로 일을 떠나 생각할 시간을 주는 것이다. 조직 단위로는 피드백 시간을 통해 현업에서 잠시 떠나 과거를 돌아보고, 우선순위와 미래를 재설정하는 시간을 구성원이 함께 가지는 것도 좋다.

이를 위해 일주일에 1~2시간은 피드백과 계획 세우기, 한 달 중 반나절에서 하루는 팀과 팀원에 대해 생각할 시간을 갖기, 분기와 반기별로 1~2일은 현재 과업이 아닌 미래와 사람을 생각하는 시간을 정기적으로 갖는 것을 추천하고 싶다.

팀장이기 전에
'나'를 지키자

팀장도 평범한 직장인이다. 스트레스를 받을 수 있고, 이를 제대로 해결하지 못하면 번아웃에 빠질 수도 있다. 팀장이 되고 업무가 힘들어지거나 우울감을 느끼는 게 절대 이상한 것이 아니라는 것이다.

이때 중요한 것은 바로 통제할 수 없는 외부 상황보다 내가 조절할 수 있는 내 마음과 행동, 그리고 시간 사용부터 바꾸는 일을 실천하는 것이다.

마음을 점검하고, 내가 할 수 있는 행동을 찾아라

스트레스를 해결하는 건 내 마음을 통제하는 법을 발견하는 것에서 시작된다. 나 또한 스트레스의 터널을 통과하기 위해 예전부터 하고 싶었지만 못하고 있었던 일들을 다시 시작했었다.

바쁘다는 핑계로 2년 동안 내려놓은 스쿼시 라켓을 다시 들었고, 쌓아 둔 책을 한 권씩 읽으며 블로그 글을 하루에 한 편씩 쓰는 일도 시작했다. 2017년 7월부터 지금까지 매일 1개 이상의 글을 블로그에 올렸고, 그렇게 쌓인 글이 1400개가 조금 넘는다. 블로그에서 글 쓰는 재미, 내 글을 누군가가 읽고 도움을 받았다고 하는 재미를 느끼면서 페이스북, 링크드인으로 확장이 되었고, 이제는 매주 뉴스레터를 발행하는 사이드 프로젝트도 하게 되었다. 지금은 매일, 매주 내 글을 읽어 주시는 분들이 약 2만 명이 되었고, 이렇게 책까지 쓰게 되었다. 그런데 이런 결과가 처음에는 어떻게 시작되었을까? 내가 2018년 7월 블로그에 글을 쓰기 시작했을 때 나는 이런 마음이었다. '이거라도 하자. 블로그는 내 공간이니까 내 마음대로 써도 되잖아. 이거라도 안 하면 정말 속 터져 죽겠다!'

행동을 바꿀 때 가장 큰 적은 '시간이 없다'는 핑계다. 물론 팀장이 되면 더 바빠질 수 있다. 하지만 냉정히 생각해보면 시간을 낼 여력도 있다. 시간의 우선순위를 다시 배정해 운동하거나 책을 읽는 등 나를 위한 시간을 먼저 정해보자. 나는 '평일 저녁 퇴근 후 10~11시에는 운동을 한다' '평일 저녁 11~12시에는 글을 쓴다' '매주 토요일에는 무조건 2시간 책을 읽는다' 등으로 고정적인 스케줄을 정했다. 물론 100퍼센트 스케줄을 지킨 건 아니지만 고정적으로 시간을 정하고, 지켜보겠다는 원칙을 세우고, 신경을 쓰니 스스로 다른 시간을 정리하면서 TV 보는 시간, 게임하는 시간, 멍하게 보내는 시간을 줄일 수 있었다.

처음 원칙을 세운 뒤 6개월이 흐르니 습관이 생기고, 조금씩 변하는 내가 보였다. 흐름에 올라타니 더 새롭고 구체적인 계획을 세우는 일도 가능해졌다. 처음에는 이런저런 책을 들춰보다가 떠오르는 걸 블로그에 쓰거나, 글을 쓰기 위해서 니팅, 도서관 가기 등을 취미 활동으로 삼았고, 6개월 뒤에는 글을 쓰기 위해 자격증 공부를 하기도 했었다. 그러다 1년쯤 시간이 흐르니 문득 떠오른 하나의 키워드나 문장만 가지고도 생각을 정리하며 글을 쓸 수 있게 되었다. 나름의 성장을 한 것이다.

물론 혼자서는 이런 변화가 어려울 수 있다. 그럴 때는 함께 변하려는 동료가 있으면 좋다. 지금도 내게는 매달 한 번 이상 모여서 함께 공부하는 회사 밖 스터디가 여러 개 있다. 같은 목표를 가지고 함께 공부하다 보니 서로를 격려하고, 응원하는 일이 늘어났다. 자연스럽게 회사 밖에서도 나만의 동료, 나를 응원해주고 나와 함께 성장하고자 하는 커뮤니티를 구축한 것이다.

감정 통장을 만들어라

내면의 상황을 마주하고 행동을 고치기 시작했다면, 이제 외부 환경도 점검해봐야 한다. 스트레스 중에서 큰 비중을 차지하는 게 바로 사람과의 관계에서 오는 스트레스다. 많은 결정권을 쥔 팀장이라면 더 그렇다. 팀원과 상사 사이에서의 태도, 협력업체와의 협상, 가족과의 관계 등등 곳곳에서 결정을 내려야 할 일이 많고, 팀장의 시간을 내달라고 하는 회의, 미팅 그리고 사건·사고들도 많이 있다. 거기서 해결해야 하는 갈등이 얼마나 많을까?

이때 각 관계마다 느끼는 감정이 다르기 때문에 관계를 제대로 유지하려면 각 사람에 맞는 행동으로 평상시에 유대 관계를 쌓아야 한다. 예를 들어 비즈니스 관계에서 좋은 사이를 유지하기 위해 (생일)선물 같은 것으로 표현을 하는 방법이 있다. 그런데 가끔 가까운 관계에서는 평소와 다른 행동이 가식적인 것으로 보일 수 있다. 예를 들어 자주 팀원에게 화를 내거나 불만을 표현하던 팀장이 갑자기 팀원의 생일을 축하한다며 선물을 준다면, 그 팀원은 진심으로 감동할까? 오히려 반대의 감정이 생길 수 있다. 그래서 가까운 관계일수록 진정성을 가지고 평상시 말과 행동을 일치시켜야 한다. 각 관계에 따라 감정도 저축하듯 차곡차곡 쌓아 놓아야 하는 것이다. 매일 웃으며 인사를 하는 것, 매일 칭찬과 감사를 하나씩 전하는 것, 성장에 관심을 가지고 학습할 수 있도록 도움을 주는 것 등이 평상시 팀장이 팀원들에게 저축해야 하는 '감정 계좌'다.

팀원과 동료: 격려와 칭찬, 슬픔과 기쁨을 아낌없이 나누기

팀원과 편하게 이야기를 나누는 가장 좋은 방법은 티타임이다. 함께 차나 간식을 먹으면서 팀원의 이야기를 들어보자. 점심식사를 같이 하는 것도 방법이다. 이때는 팀원이 먹고 싶은 메뉴를 골라 함께 먹거나, 나만 알고 있는 맛집을 추천해서 함께 먹는 것도 좋다. 같이 차와 식사를 하는 것이 별일 아닌 것 같지만 대화할 시간을 가진다는 점에서 중요하다. 이때 팀장은 팀원이 평소에 생각하는 관심 분야나 강점을 알 수 있다.

하지만 반드시 피해야 하는 게 있다. 이때만큼은 '일' 이야기를 꺼내지 말아야 한다는 것이다. 이전 직장에서 경영자 A에게 직원들과 함께하며 관심을 표현하는 시간을 가져보라는 피드백을 한 적이 있다. 몇 달 뒤 A는 자신의 시간표를 보여주며 자랑했다. "일주일에 4번 점심식사를 함께 하고, 티타임을 통해 2시간씩 이야기를 나누니 직원들에 대해 정말 많은 걸 알게 됐다"라고. 그런데 나는 왠지 불안한 생각이 들었다.

아니나 다를까, 직원들의 생각은 달랐다. 한 직원은 "솔직히 체하는 줄 알았다"고 했다. 점심시간에 편하게 밥 먹고 싶은데, 자꾸 일 이야기를 하고, 본인이 듣고 싶은 질문만 하더라는 것이다. 이처럼 팀원들과 편하게 대화할 때 어떤 이야기를 하느냐에 따라 팀원들의 마음을 얻을 수도, 잃을 수도 있다는 걸 꼭 기억해야 한다. 팀원들 입장에서는 팀장과 단둘이서 식사하는 것 자체가 부담이기에 가능한 한 편안한 주제, 또는 팀원의 성장이나 꿈에 대한 주제로 이야기를 나눠보기를 추천한다.

그렇다면 일할 때는 어떻게 이야기를 하면 좋을까? 우선 인정과 칭찬을 아끼지 말아야 한다. 팀장이 팀원에게 보내는 칭찬은 생각보다 큰 동기부여 요인이다. 각 팀원의 작은 성공을 찾아서 자주 인정하고 칭찬해야 한다. 《칭찬은 고래도 춤추게 한다》는 유명한 책이 괜히 나온 것이 아니다.

대신 칭찬할 때는 결과보다 과정, 수고한 점, 노력하고 있는 행동을 부각해야 한다. 아무리 노력하고 수고했더라도, 결과는 좋지 않을 수 있다. 하지만 팀원이 정말 노력했다면 "목표는 달성 못 했지만, 이번에 일하는 방식을 새롭게 바꾸고 고객의 니즈를 찾아 정리한 건 다음을 위해 정말 잘했다고 생각해요"라며 과정과 노력을 아낌없이 격려해주자. 그렇게 된다면 좋은 행동을 계속해서 반복하려고 하게 되기 때문이다.

동료의 기쁨과 슬픔도 함께 나누면서 감정 계좌를 쌓을 수도 있다. 동료의 생일, 승진, 결혼, 프로젝트 성공 등 축하할 거리가 있다면 바로 표현하면 좋다. 생일에는 기프티콘, 결혼식에는 작은 편지와 함께 축의금, 이사하는 직원에게는 작지만 필요한 소품을 선물해보자. 장례식과 같은 슬픈 일에도 참여하길 권한다. 슬픈 일을 당했을 때 위로를 전하러 가면 팀원 혹은 동료는 상대로부터 자신의 가치를 인정받는 기분을 느낀다. 이렇게 쌓인 위로와 축하를 통해 관계는 더욱 끈끈해질 것이다.

비즈니스 관계: 작은 포인트에도 감사 표현하기

자주 만나지 않아도 비즈니스나 네트워크를 이어가기 위해 관계를 지켜야 할 사람들이 있다. 이런 관계에서도 축하와 감사를 표현해야 한다. 이때 큰 선물은 오히려 부담이 될 수 있어 메신저나 메일로 편지를 보내거나 작은 선물을 전달하는 것이 좋다. 축하를 표현하기 좋은 시기는 상대방의 생일이나 결혼기념일, 창립기념일 등과 같이 개인과 조직의 특별한 날이다. 또는 그 회사의 매출 신기록, 대박 상품 출시, 협업 10주년 등 기념할 만한 이벤트를 찾아 축하하는 것도 방법이다.

또 미팅을 마친 뒤 소소한 문자로 감사함을 표현하는 것도 의미가 있다. 나는 외부 미팅을 하고 돌아가는 길이면 미팅 상대에게 "바쁘신 걸로 알고 있는데 시간 내주셔서 감사합니다. 오늘 말씀 주신 내용, 더 고민해서 업무에 적용할 수 있도록 노력하겠습니다. 감사합니다"와 같은 내용의 문자를 보낸다. 반대로 나도 미팅 후 이런 문자를 받으면 기분이 좋고, 상대방을 더 신경 쓰게 된다.

가끔은 특별한 이유 없이 전화를 거는 방법도 있다. 상투적인 말이지만 오늘의 날씨, 행복한 주말에 대한 가벼운 인사를 전하는 것도 좋다. 1분이 안 되는 짧은 전화 한 통으로 상대방이 나를 긍정적으로 떠올리게 만들 수 있다.

친구와 가족: 진심을 공유하고 충분한 대화 나누기

팀장에게도 친구와 가족이 있다. 사실 이들은 팀원보다 더 소중한 존재다. 가족과 친구 관계에서 안정감을 가지지 못하면 조직에서도 안정감을 가지기 어렵다. 그래서 팀장은 자신의 가족과 친구 사이에서 먼저 안정감을 가질 수 있도록 노력해야 한다.

친구는 정기적금 같은 존재다. 오래전부터 서로를 잘 알아온 만큼 많이 표현할수록 좋다. 이들과는 희로애락을 공유할 수 있다. 축하할 일에 진심으로 축하하며 격려하고, 힘들어하면 진심으로 같이 울어주면 된다. 화가 날 때는 함께 화낼 수도 있다.

가족은 팀장이기 전에 개인적으로 가장 가깝고 항상 신경을 써야 하는 존재다. 그만큼 대화를 많이 해야 한다. 전화든 메신저든 어떤 방법으로든 매일 대화하는 것을 추천한다. 집에 들어가서는 온 가족이 서로의 눈을 마주 보며 하루 동안 겪은 일을 나누고, 식사할 때는 TV, 휴대폰을 내려두고 서로의 이야기를 들어보자.

가끔씩은 잠을 다 같이 자는 것도 추천한다. 날짜를 하루 정해서 거실에서 모여 자면 친밀감을 쌓을 수 있다. 따로 시간을 정해 밖에서 가족이 좋아하는 활동을 함께 하거나, 만나는 시간을 가져보는 것도 추천한다. 나 역시 일주일에 1~2번은 퇴근길에 가족에게 전화해 데이트를 신청한다.

감정 계좌 관리의 원칙

이렇게 감정 계좌에 저금할 때 명심해야 할 것이 3가지 있다. 먼저 '지킬 앤 하이드' 같은 모습은 자제해야 한다. 오늘은 격려, 내일은 구박하는 모습은 버려야 한다. 또 팀원과의 관계에서는 1~2명만 티 나게 챙기지 말고 모두를 골고루 챙겨야 한다. 이것을 제대로 지키지 못하면 오히려 팀원들이 스트레스를 느껴서 이들과의 관계가 멀어질 수 있다.

둘째, 약속은 꼭 지켜야 한다. 즉, 신뢰를 주는 행동을 해야 한다. 약속을 어기고 작은 거짓말이 반복되면, 믿고 맡길 수 없는 사람으로 낙인찍힐 수 있다. 그렇기에 나는 잘하고 있다는 교만은 금물이다.

마지막으로 꾸준함이 필요하다. 적금이 한 번에 거금이 되지 않듯, 감정 계좌에도 한 번에 큰 긍정적인 감정이 쌓이기는 쉽지 않다. 매일, 매주, 매달 작은 행동이 쌓여 큰 감정을 만든다고 보면 되는데 이를 위해 꾸준한 인정과 격려, 위로와 축하로 관계를 지속하는 동료, 팀원, 친구, 가족과의 감정을 쌓아보기를 권한다.

변화의 가장 큰 적은 '나 자신'

스트레스를 극복하고, 각종 관계를 발전시키기 위해서는 변화가 필요하다. 지금까지 팀장으로 일하면서 팀원을 신경 쓰지 못했지만 앞으로라도 좋은 관계를 유지하고 싶다면 태도를 바꿔서 감정 계좌를 개설해야 한다. 이렇게 태도를 바꾸는 데에도 공식이 있다. 변화를 추구한다면 '변화 방정식'을 기억하며 스스로의 행동을 바꿔야 한다.

조직 내 상황을 예로 들어보자. 팀장 B는 리더십 성장을 위해 코칭 스킬을 배웠고, 충분히 알고 있다고 말한다. 그러나 매번 결심만 하고 팀원에게 코칭을 적용하지 않는다. 실행하지 않으면 팀원도, 조직도, 팀장 자신도 성장하거나 변화할 수 없다. 팀장 B가 고려해야만 하는 변화 방정식은 다음과 같다.

변화 방정식

$$\underset{\text{Behavior Change}}{\overset{\text{행동 변화}}{BC}} = \underset{\text{Motivation}}{\overset{\text{변화 동기}}{M}} \times \underset{\text{Goal}}{\overset{\text{목표}}{G}} \times \underset{\text{Action}}{\overset{\text{반복된 행동}}{A}} > \underset{\text{Resistance}}{\overset{\text{변화 저항}}{R}}$$

행동 변화는 현재의 상태에 머물지 않고 성장을 하기 위해 기존과 다른 행동을 하는 것이다. 하지만 말처럼 쉽지 않다. 행동을 바꾸는 과정에서는 당연히 저항이 생긴다. 이걸 변화 저항이라고 하는데, 우리가 무의식적으로 행동하는 습관이 대표적이다. 예를 들면 매일 오전 6시에 일어나려고 마음먹은 사람이 습관적으로 오전 9시에 눈을 뜨는 것, 평소 야식을 즐겨 먹던 사람이 오후 6시 이후에 음식을 먹지 않으려 할 때처럼 우리는 습관을 버리거나 바꿀 때 변화 저항을 느낀다.

회사와 동료, 외부 환경에서도 변화 저항을 찾을 수 있다. 사람이나 자산, 업무 스킬이나 시간 등 리소스 문제가 있을 수 있다. 또 시장과 경쟁사의 상황, 고객의 변화나 시스템 버그 등이 변화를 막는 요인이 될 수 있다. 이때 필요한 건 모든 장애물을 나열해보고, 이 중에서 내가 통제할 수 있는 것과 통제할 수 없는 장애물을 분리하는 것이다.

나 자신을 이기는 법

통제할 수 있는 변화 저항값을 파악했다면, 저항을 이길 수 있는 나의 동기와 의지를 확인해야 한다. 결국 행동을 바꾸지 못하는 가장 큰 저항 요소는 자기 자신이다. 자기 자신이라는 최대 저항 요소를 이기기 위해 변화 동기와 목표를 제대로 설정하는 것과, 반복된 행동 및 피드백이라는 실행력이 필요하다. 순차적으로 어떻게 실행하면 될지 알아보자.

1. 변화할 이유를 찾는다

사람마다 변화 동기를 느끼는 부분은 각각 다르다. 개인이 동기부여를 받는 포인트가 다른 것과 같다. 각 직원들이 직장에서 연봉과 명예, 승진, 인정과 감사, 일의 재미, 동료와의 관계 등 다양한 부분에서 일할 동기를 느끼는 것과 같다.

각 개인이 사는 삶과 처한 환경 등 외부적인 것의 변화에 따라서도 변화 동기가 달라질 수 있다. 대표적으로 가족 관계의 변화다. 혼자 살 때는 자신의 일에 더 집중하고 싶지만, 결혼 후에는 가족과의 시간을 더 중요하게 여기기도 한다.

이렇게 행동 변화를 위해선 자기 자신이 가장 중요하게 생각하는 동기를 찾아야 한다. 변화 동기는 변화를 하도록 돕는 방아쇠 역할을 한다고 보면 된다.

2. 목표를 설정한다

팀장이 팀원을 성장시키기 위해 동기를 부여할 요소, 목표를 찾는 것처럼 스스로 변화를 할 때도 같은 방법을 적용해야 한다. 동기부여가 되는 순간과 삶에서 중요하게 여기는 요소를 자기 자신에게 묻는 것도 방법이다.

팀장이 팀원을 파악하기 위해 대화를 하는 것처럼, 스스로에게도 어떤 점이 살아가는 데 중요한 요소인지 물어보자. 변화를 시도할 때 어떤 점이 뒷받침되면 더 몰입할 수 있는지, 성공하면 어떤 보상을 기대하는지도 생각해본다. 목표 설정을 위해 자기 자신을 관찰하는 것이 어렵다면 MBTI 등의 도구를 사용하는 것도 좋다.

가장 추천하는 방법은 신뢰할 수 있는 사람을 찾아가 물어보는 것이다. 목표만 보고 달리면 자기 자신을 관찰하는 것이 어려울 수도 있다. 나에 대해 잘 알고 있고 객관적인 관점에서 솔직하게 이야기해줄 수 있는 친구나 선배 또는 코치를 찾아가 물어보고 대화하며, 함께 새롭고 도전적인 목표를 설정해보자. 나 자신에게 동기를 부여하면서 성장하게 하는 내용으로 말이다.

3. 셀프 피드백을 한다

변화 동기를 찾고, 목표를 설정했다면 이제는 행동을 반복해서 유지해야 한다. 여기서 팀원에게 주는 피드백 기술이 자신에게도 적용된다. 팀장이 팀원의 잘한 행동에는 인정과 칭찬을, 잘못된 행동에는 발전적 피드백을 하듯 스스로에게도 적절한 피드백을 해야 한다. 이때 발전적 피드백은 잘못된 행동을 자아비판 하라는 게 아니라 이를 방임하지 않고 수정해야 한다는 의미다.

만약 셀프 피드백이 어렵다면 주변 사람을 활용하는 방법을 추천한다. 내가 코칭을 하는 CEO 중 어떤 분은 "저 좀 혼내주세요. 제가 오늘 팀원과 제대로 소통하지 못하고, 상처를 준 것 같아요"라며 강제적인 피드백을 요청한 적이 있었는데, 이때 나와의 피드백 대화를 통해 도움을 얻었다고 한 경우가 있었다. 이처럼 셀프 피드백을 통해 계속해야 할 것은 유지하고, 바꿔야 할 부분은 조금씩 변화하도록 스스로를 유도한다.

변화의 가장 큰 적, '나'를 이기는 법

① 변화할 이유, 동기를 발견하라. 동기는 사람마다 다르다. 연봉일 수도, 사람들의 인정일 수도, 가족과의 시간, 동료와의 관계일 수도 있다.

② 변화를 위한 새롭고 도전적인 목표를 설정하라. 혼자서 어렵다면, 자신이 신뢰할 수 있는 사람(친구, 선배, 코치)을 찾아가 목표를 함께 설정하라.

③ 변화한 행동을 꾸준히 실행하라. 이때는 팀장이 팀원에게 피드백하듯 스스로에게 피드백하라. 스스로에게도 격려가 담긴 인정, 잘못된 행동을 개선하는 피드백이 필요하다.

팀장이 일을
잘한다는 것은

팀장은 완벽한 존재가 아니기에 실수를 할 수밖에 없다. 각종 리더십 스킬을 쌓았더라도 팀장이 하나 더 기억해야 할 것은 실수를 어떻게 대처하는가이다.

실수를 가장 잘 돌파한 대표적인 인물로 미국 대통령이었던 에이브러햄 링컨을 꼽을 수 있다. 링컨은 리더십이 뛰어난 정치인으로 알려진 만큼, 실수했을 때도 모범적으로 대처하는 리더였다.

사과를 잘하는 리더는 특별하다

《진실한 사과는 우리를 춤추게 한다》라는 책에 나온 링컨의 '사과' 이야기를 소개한다.

미국이 남북전쟁을 하는 동안 수도를 지킨 스콧 대령이 링컨 대통령을 직접 찾아간 일이 있었다. 당시 스콧의 아내는 불의의 사고로 세상을 떠나게 되었다. 슬픔에 빠진 스콧이 아내의 장례식에 참석하기 위해 상사인 연대장에게 휴가를 신청했지만, 전쟁이 워낙 급박했던 만큼 연대장은 휴가 신청을 거절했다. 스콧 대령은 반드시 아내의 장례식에 가야 한다고 판단했고, 위계질서를 어기고 국방장관과 대통령인 링컨에게까지 찾아갔다.

우여곡절 끝에 링컨을 만난 스콧은 자신의 사정을 말했다. 링컨은 어떤 반응을 보였을까? 불같이 화를 냈다. 군에서 이미 휴가를 거절했으면 가서는 안 된다는 게 그의 생각이었다. 그러면서 전쟁 상황의 어려움과 대통령인 자신의 힘든 상황을 강조하면서 스콧에게 분노를 표출했다. 그리고 이 일을 인사과로 다시 돌려보냈다.

스콧은 좌절하며 막사로 돌아갔다. 그런데 다음 날 이른 아침 링컨이 스콧의 막사를 찾아와 이렇게 말했다.

"어제 내 몸과 마음이 너무 지쳐 있었어. 밤새 자네에게 했던 말을 후회하다 용서를 청하러 왔네." 진심을 담은 사과였다. 링컨 대통령은 이어서 조금 늦었지만 스콧 대령이 아내의 장례식에 갈 수 있도록 조치를 취하고 배웅을 해줬다.

물론 스콧 대령이 이야기를 꺼냈을 때 화를 낸 링컨 대통령의 입장도 이해할 수 있다. 승리를 해야만 하는 전시 상황에서 수도를 방어하는 대령이라는 직책은 자리를 지켜야만 하는 위치다. 그러나 링컨의 첫 대화 방식에는 문제가 있었다. 스콧 대령 역시 자신의 위치와 상황을 알고 있었으나 가족을 잃은 슬픔은 말로 다하지 못했을 것이다. 만약 이때 링컨이 스콧의 상황을 공감하고 위로하면서 전쟁의 엄중함을 더 진실하게 이야기했다면 스콧의 생각은 달라졌을지도 모른다.

링컨은 곧바로 자신의 잘못을 인정했다는 점에서 평범한 리더와 달랐다. 막사에 머물고 있는 스콧 대령을 직접 찾아가 자신의 실수와 감정을 솔직하게 이야기하며 사과를 전했다. 또 자신의 실수를 바로잡는 행동까지 했다. 사과를 받는 상대가 진실한 배려도 느낄수 있도록 링컨은 스콧 대령이 이동해야 할 부두까지 배웅했다.

링컨의 사과는 실수를 할 수밖에 없는 리더가 어떻게 대처해야하는지 잘 보여주는 사례다. 인정과 칭찬은 이미 내 편인 사람을 더 몰입하도록 하지만, 진실한 사과는 내 편이 아닌 사람의 마음도 움직일 수 있다.

혹시라도 팀원에게 실수를 해 어떻게 다가가야 할지 모르겠다면, 단순하지만 확실했던 링컨의 태도를 생각해보자. 그리고 아래의 질문을 스스로 해보고, 행동으로 옮기면 팀원과의 관계를 더욱 단단히 만들어갈 수 있을 것이다.

나의 실수를 발견하는 4가지 질문

1. 지금 어떤 실수를 했다는 생각이 드는가?

2. 나의 일과 행동으로 누군가 상처를 받거나 어떤 피해를 받았나?

3. 만약 다시 문제가 발생한 상황으로 돌아간다면 나는 똑같은 말과 행동을 할

것인가?

4. 나의 롤 모델은 이런 상황에서 어떻게 행동할 것인가?

실수를 돌파하게 하는 4가지 질문

1. 상처받은 팀원의 마음, 시간에 대한 피해를 보상하려면 나는 어떻게 행동해야 할 것인가?

2. 그 행동은 팀원이 진실로 원하는 것일까?

3. 그렇다면 언제 어떻게 사과를 해야 팀원이 내 진심을 이해할 수 있을까?

4. 미래에 똑같은 실수를 반복하지 않으려면 어떻게 해야 할 것인가?

스스로 A급 팀장인지 가늠하는 방법

A급 팀장은 팀원들이 믿고 따를 수 있고, 팀원을 성장하게 해서 이를 통해 조직의 성과를 충실히 내는 사람이다. 내가 A급 팀장이 될 준비가 되었는지, 이미 되었는지는 다음의 4가지를 점검하면서 알 수 있다. 물론 이외에도 다른 다양한 방법들이 있으니 나에게 맞는 방식들을 찾아보길 권한다.

1. 구체적인 인정과 칭찬을 듬뿍 주고 있는가

팀원들에게 지지적 피드백을 하고 있는지 먼저 확인해야 한다. 이때 중요한 건 성과와 결과만 칭찬하는 것이 아니다. 팀원이 업무의 성장을 위한 노력을 하고 있다면, 작은 것이라도 찾아내고 기억해서 인정하고, 격려와 칭찬을 명확히 하라는 것이다. 충분한 지지를 받은 팀원은 자신이 일하는 방식에 더 자신감을 가질 수 있다.

거꾸로 여러분이 팀원이던 시절을 떠올려보자. 여러분이 성과를 내려고 노력하던 때, 그걸 알아보고 격려해준 선배를 만난 적이 있는가? 나는 그런 적이 있다. 장기 프로젝트 때문에 3개월 동안 밤샘 퇴근을 하던 시절, 짬을 내 얻은 휴가에 아내가 좋아하는 회를 먹으라고 용돈을 주던 팀장을 만난 적이 있다. 또 후배들과 업무 개선을 위한 스터디를 할 때 어떻게 알고 간식을 보내주며 응원해주던 팀장도 있었다. 어쩌면 지금의 나를 만든 건 그런 팀장들의 모습 덕분 아닐까. A급 팀장은 팀원이 어떤 노력을 하는지, 그를 통해 어떤 변화를 보이는지 알아보는 능력이 있다. 이 말은 결국 그만큼 팀원의 행동을 관심을 가지고 지켜보고 있다는 뜻이다.

2. 개선할 점을 명확히 알려주는가

반대로 부족한 모습을 보이는 팀원에게는 개선할 점을 구체적으로 알려주는 발전적 피드백을 해준다. 기댓값보다 낮은 결과, 일하는 방식, 태도 등의 부족한 부분을 구체적으로 알려주고, 이를 어떻게 개선할 수 있을지 함께 고민해 변화할 수 있도록 지원하는 것이다. 이때는 솔직하지만 진심으로 그의 성장을 위해 이야기해야 한다.

사실 많은 팀장들이 이걸 실행하는 데 어려움을 겪는다. 나 역시 가장 어려운 게 피드백이다. 특히 알아서 잘하는 팀원을 대상으로 할 때 더 그렇다. 보통 이들에게 개선점을 이야기하면 오히려 사기가 떨어질 것이라고 오해하는데, 탁월한 팀원일수록 부족한 점을 잘 발견하고 고칠 줄 안다. 부족한 부분을 채워준다면 그만큼 더 성장하는 게 탁월한 팀원이다. 만약 이런 팀원에게 발전적 피드백을 주지 않는다면 그의 성장도 멈출 수 있다는 걸 기억해야 한다.

3. 노하우를 전수하는가

팀장들은 자기만의 업무 노하우가 있다. 이전의 성공과 실패를 통해 얻은 깨달음 등인데, 책이나 블로그, 유튜브에서 볼 수 있는 원리, 이론과는 다르다. 실제로 일을 경험한 사람만이 줄 수 있는 한 단계 위의 지식이다.

팀장은 자신의 노하우를 팀원에게 전수할 수 있어야 한다. 팀원이 당장의 일을 해내는 것으로 끝나는 게 아니라 목표를 더 높게 설정하고, 새로운 업무를 맡도록 해 팀장의 노하우까지 가져갈 수 있도록 해야 한다. 이때 중요한 건 자신의 경험만 강조하는 게 아니라, 팀원이 경험하는 상황을 어떻게 생각하고 있는지 이끌어야 한다.

내 경험을 예로 들자면 나는 이전 회사에서 영업, 인재개발, 프로젝트 추진 등 다양한 업무를 맡으면서 직급이 오르는 걸 경험했다. 퇴사 전 7년은 그룹 인사위원회에서 인사팀장을 했고, 5개의 작은 법인 인사를 총괄하는 인사실장이었다. 이 기간에는 그룹 부회장의 비서실장 일도 겸직해서 맡았었다.

책임이 늘어나면서 당연히 스트레스도 쌓였다. 하지만 돌이켜보면 마지막 7년이 가장 많이 성장한 시간이었다. 그때 내가 노하우를 전수받았는데, 경영자의 관점에서 생각하는 법과 근로기준법과 같은 세세한 것에서 시작되는 인사 업무의 모든 것을 하나씩 배울 수 있었다.

예를 들면 이런 대화가 종종 있었다. 당시 부회장님은 "종화 과장은 이걸 왜 해야 한다고 생각해?"라는 질문을 통해 내가 하는 일에 대한 목적을 되새기며 자신의 생각을 알려주거나 "오늘 회의를 할 때 나는 이 점을 깨달았다"면서 중요한 회의에서 얻은 인사이트를 전달해주며 나 또한 같은 관점에서 생각할 수 있도록 가르쳐주기도 했다. 이어서 "종화 과장의 생각은 어때?"라며 내 관점까지 확인하는 태도를 보여주셨다. 이때의 대화 속에는 부회장님의 노하우가 항상 담겨 있었다.

4. 팀장인 나도 성장하는가

팀장인 내가 성장하지 않으면서 팀원을 성장시킬 수 있을까? 내가 성장할 자신이 없는데, 내가 가진 모든 지식과 경험을 팀원에게 전수할 수 있을까?

팀원을 성장시키는 걸 두려워하는 팀장의 마음속에는 아마 '잠재적 경쟁자'인 팀원의 모습이 있을 것이다. 그런 팀장은 팀원의 성장을 위한 지지적, 발전적 피드백은커녕 자신이 더 우위에 있다는 표현만 많이 한다. 팀장이 배우려 하지 않으면서 자기 일을 하는 것만으로도 벅차 하는 모습을 보인다면, 그 팀장은 팀원들에게 'B급 팀장'으로 평가될 게 불 보듯 뻔하다.

나는 성장하는 모습을 보인 팀장들을 많이 만났다. 자신이 감명 깊게 읽은 책을 부담 없이 공유하며, 좋았던 책은 직접 선물한 팀장도 있었다. 또 새로운 자격증 공부를 하면서도 주말에는 대학원을 다니는 모습을 보인 팀장도 만났는데, 자신이 모르는 건 솔직하게 질문했고, 팀의 성과도 놓치지 않아 회사와 직원들로부터 동시에 존경을 받았다. 이런 평가를 얻기까지 그 팀장의 삶에는 스스로 성장하기 위한 부지런함이 녹아 있었다. 이처럼 A급 팀장이 되고 있다는 판단을 내리는 기준은 스스로 성장하고 있는가라는 질문으로 마무리된다.

팀장의 최종 판단자, 따로 있다

사실 팀장이 자신이 A급이라고 스스로 판단을 하더라도 진짜 판단을 내려줄 사람은 따로 있다. 회사의 오너와 최고경영자는 아니다. 물론 이들이 팀장의 승진을 결정하거나, 반대로 내보낼 권한은 가지고 있다.

하지만 이건 궁극적인 리더십 평가라고 할 수는 없다. 즉, 팀장의 리더십을 조직의 상급 리더나 경영자만 평가해서는 안 된다는 의미다. 《리더 역할 훈련》이라는 책을 쓴 토머스 고든은 이렇게 이야기한다.

"리더라는 지위가 리더를 만드는 것은 아니다. 만약 당신이 한 집단의 리더가 되었다면, 그 집단 구성원들의 지지를 얻고 그들의 행동에 영향을 미치기까지는 많은 일을 해야만 하기 때문이다."

그런 점에서 리더십 평가는 팀장의 영향을 받는 팀원이 하는 게 옳다. 만약 팀장이 팀원들과의 소통과 학습을 통해 성장을 이끄는 사람이었다면, 팀원의 평가는 어떨까? 칭찬하지 말라고 해도 팀장 자랑을 하고 다닐 것이다. 거꾸로 팀장이 팀원과 대화 없이, 지시와 형식에만 얽매인 사람이었다면 아무리 큰 성과를 내더라도 팀원은 팀장의 리더십을 부정적으로 볼 것이다.

결국 팀장의 성공은 팀원의 평가를 통해 확인할 수 있다. 회사와 경영자도 팀장의 조직 공헌도를 판단할 때 단순히 매출 상승이 아닌 팀원의 성장을 지원하고, 그들의 성공을 바탕으로 조직의 성공을 이뤘는가를 봐야 한다. 한 명의 팀장이 팀원을 새로운 팀장으로 키워낸 것 또한 그의 성과로 인정해야 한다는 의미다.

지금까지 팀장으로 지내온 당신의 모습을 점검하고 싶다면, 팀원에게 용기를 내어 아래 질문에 답을 해달라고 요청하자. 그리고 마음을 비우고, 그들의 솔직한 이야기를 통해 그동안 배운 것을 행동으로 옮긴 성과를, 또 개선해야 할 점을 발견해 다시 행동을 교정한다면 더 성장할 수 있을 것이다. 꼭 기억해야 할 점은 리더십은 마음을 먹는 게 아니라 행동에서 나온다는 것이다. 마음먹은 것이 있다면, 꼭 행동으로 옮겨보자.

팀원이 A급 팀장을 판단하는 7가지 체크리스트

1. 팀장은 나를 있는 그대로 존중하고, 내 의견을 끝까지 귀 기울여 경청하는가?

2. 내가 잘하는 것을 찾아서 인정해주고, 잘못하는 부분은 솔직하게 피드백하는가?

3. 월 1회 이상 정기적으로 내게 기대하는 점을 알려주고, 업무와 관련해 나의 성장과 성공을 돕는 대화를 하는가?

4. 내가 업무를 수행하고 목표를 달성하는 데 필요한 환경적인 부분(도구, 경험, 지식, 스킬 등)을 지원하고, 어려움을 겪는 부분은 해결해주는가?

5. 나의 개인적인 꿈과 비전, 이슈에 대해서도 관심을 가지고 있는가?

6. 팀원들의 성과와 기여를 공정하게 측정하고, 인정하는가?

7. 내 인생에서의 성장과 성공에 관심을 가지고, 도움을 주는가?

"자리가 사람을 만든다"는 틀린 말

태어날 때부터 인재를 개발하는 수준의 리더십을 발휘할 수 있는 팀장은 없다. 적잖은 선배 팀장들이 '자리가 사람을 만든다'는 말로 핑계를 대지만 이건 잘못된 이야기다. 탁월한 팀장은 리더십 단계를 계속 올리며 성장하지만, 최악의 팀장들은 자신이 가진 직책을 유지하기 위해서만 리더십을 사용한다. 그래서 팀장이 될 수 있는 가능성을 가진 사람과 이미 팀장으로 역할을 수행하고 있는 리더들도 리더십을 제대로 배워야만 일을 잘 수행할 수 있다.

리더십을 어떻게 발휘할 것인지를 배우지 못하면 팀원을 불신하고 지시만 하는 팀장이 될 수 있다. 이런 팀장이 늘어나면 성과를 낼 실무자를 잃고, 잘하고 있는 팀이 망가지는 건 시간문제다. 그러면 어떻게 해야 이런 리더가 되지 않을 수 있을까?

1. 먼저 안목을 갖춰라

팀장은 팀원에게 일을 잘 맡겨야 하기에 사람을 보는 안목을 꼭 갖춰야 한다. 여기서 안목은 팀원을 구체적으로 분석할 수 있는 능력을 의미한다. 리더라면 각 팀원이 가진 강점과 약점이 다르다는 점을 이해해야 한다. 이것을 기억해야 팀원에게 맞는 과업을 줄 수 있고, 각 팀원의 역량과 연결된 조직의 퍼포먼스를 이끌 수 있다.

이를 위해 팀장은 강점에 대한 개념을 정확히 가지고 있어야 한다. 예를 들어 창의적인 아이디어가 많은 팀원에게 절차 중심의 업무를 주거나, 데이터를 통한 분석에 능한 팀원에게 새 아이디어를 가져오라 하는 건 일을 잘못 시키는 것이 된다.

팀원의 강점을 제대로 이해했을 때 비로소 기대 이상의 성과를 볼 수 있다. 나 역시 대표적인 사례 중 하나다. 과거의 나는 영업부에서 근무할 때 지점별 강점과 약점을 분석하고, 강점들을 모아 매니저 교육 매뉴얼을 만들어 온라인 교육 및 지역 거점별 노하우 전수 시간인 '지식 bar'를 운영했다. 이 모습을 기억한 한 팀장은 이후에 나를 그룹 HRD 부서로 이동하게 만들었다. 그때의 인사 배치가 없었다면 리더십을 공부하는 지금의 나는 없다고 할 수 있다.

2. 그때그때 꺼낼 수 있는 리더십 부캐를 갖춰라

앞서 상황별 리더십에 따른 팀장의 '부캐릭터' 이야기를 한 것처럼 그때그때 다른 다양한 리더십을 가져야 한다는 것과 연결된다. 팀원의 강점을 보는 안목이 생겼다면, 그 역량을 활용하는 방법을 갖추는 것이 부캐릭터를 가지는 것과 같다.

이때 역량을 활용하려는 상대에 따라 다른 리더십을 적용하면 된다. 신입사원에게는 마이크로 매니징과 함께 정기적인 교육과 일일 업무 피드백을 주고받는 것이 좋다. 경력사원에게는 매주 한 번 이상 일대일로 만나 일주일 동안 무엇을 새롭게 알게 되었는지, 무엇이 불편했는지를 확인하고 업무적이거나 개인적인 점에서 가려운 부분을 케어해주는 것이 필요하다.

A급 직원에게는 위임받은 업무의 진도가 잘 나가고 있는지, 어떤 장애물이 있는지를 물어보는 것이 좋다. 성과와 태도 모두 부진한 팀원에게는 단기적이고 구체적인 과업을 주고 피드백을 수시로 하는 것이 하나의 방법이다.

3. 회사의 숫자, 남의 얘기가 아니다

팀장은 당연한 팀의 목표를 달성하는 것에 노력을 다해야 한다. 이런 관점에서 리더가 되는 모든 사람들은 숫자에 대한 감각을 갖춰야 한다. 여기서 숫자는 회사의 주요 지표인 매출, 이익과 더불어 조직에서 관리하는 KPI를 말한다.

제너럴일렉트릭(GE)은 신입 채용을 할 때부터 경영자 후보군을 별도로 채용하고, 프로젝트를 하며 교육을 시킨다. 리더로 성장 가능한 인재는 재무 업무부터 가르쳐 팀장급 이상으로 키울 준비를 하는 것이다. 내가 일했던 조직에서도 경영자로 발탁된 인물들은 인사와 재무, 전략 직무를 거치게 했다. 이 과정을 통해 숫자와 사람을 보는 안목을 기를 수 있게 한 것이다.

속한 부서가 영업, 재무, 마케팅이 아니라도 팀장이라면 회사의 매출, 비용, 이익에 대해 이해하고 있어야 한다. 자신이 속한 회사가 만드는 숫자들이 어떻게 나오는지 알아야 업무의 방향성도 결정할 수 있기 때문이다.

4. 큰 그림, CEO만 보는 게 아니다

회사의 숫자를 이해하면 자신의 회사가 속한 비즈니스, 업황도 볼 수 있다. 자연스럽게 회사 전체의 프로세스를 이해하고, 다른 팀과 어떤 협업 관계가 있는지도 이해할 수 있다. 시야를 넓히는 것뿐만 아니라 회사 안에서 자신의 팀이 맡은 부분도 명확히 파악할 수 있게 된다.

비즈니스 안팎을 이해하고 있으면 의사결정을 해야 하는 순간에도 회사 관점에서 올바른 판단을 할 수 있다. 정보가 더 많고, 회사 관점에서 팀의 역할을 연결해 더 논리적인 판단을 할 수 있기 때문이다. 숫자와 비즈니스 이해도가 높기에 개선된 가치를 만드는 의사결정 기준을 확립할 수 있다.

예를 들어 팀의 성과는 줄어들지만 이를 통해 회사는 더 큰 이득을 보는 것이 확실시되는 상황에 있다고 해보자. 이때 회사의 배경을 이해한 팀장 A는 우리 팀이 5만큼 손해 보지만, 회사가 10의 이득을 볼 수 있으니 팀이 손해를 감수하기로 결정한다. 대신 회사가 취한 이득이 자기 팀의 헌신으로 이뤄진 것이라는 점을 분명히 어필할 것이다. 반면 팀장 B는 자기 팀의 단기적인 손해만 피하려고 회사를 위한 결정을 하지 않을 것이다. 당장은 성과가 있다고 평가받겠지만, 장기적으로도 같은 평가를 받을지는 확신할 수 없다.

팀장 A는 조직 전체를 본 것이고, 팀장 B는 조직과 별도로 자신의 성과만을 위해 의사결정을 했다고 볼 수 있다. 두 사람 중 잠재력이 큰 리더로 성장할 수 있는 사람은 누구일까?

5. 팀장의 업무는 누가 정해주지 않는다

다양한 고민을 바탕으로 팀장은 자신이 어떤 리더가 될지, 어떤 업무를 할지 스스로 정의를 내려야 한다. 본인이 가진 성향, 기질, 강점을 비롯해 속한 조직문화, 팀원 성향을 총체적으로 생각해 정의를 내리는 것이다. 그렇기에 자신이 업무를 맡은 시점, 상황에 따라 보여야 할 리더십이 달라질 수 있다.

내가 만난 한 경영자는 팀장일 때 부서마다 다른 리더십을 발휘했었다. 결정력이 약한 조직에서는 본인이 주도적으로 의사결정을 했었다. 팀원 개인의 역량이 우수한 A급 조직에서는 후방 지원과 협업 부서와의 소통에 시간을 할애했다. 조직의 대표가 되었을 때는 직원 동기부여와 조직문화 구성, 행복과 성장을 위한 학습에 시간을 쏟았다. 자신의 업무에 따라 일하는 방식을 바꾼 '만능 리더'가 된 것이다.

피드백에 귀를 기울여라

실패한 팀장들은 계속 실패만 하고 끝날까? 아니다. 벗어날 수 있는 방법이 분명 있다. 나는 그것을 '성장'이라고 말한다. 바로 기존에 내가 하지 못했던 생각과 행동을 할 수 있게 되는 것이다.

먼저 팀장이 성장하려면 자신이 모든 사안을 다 챙길 수 없다는 걸 인정해야 한다. 그리고 자신의 이상적인 모습과 현재에서 나오는 차이를 객관적으로 확인하기 위해 피드백에 귀를 기울여야 한다. 팀원에게 피드백을 주기만 하는 게 아니라, 팀원과 피드백을 나누는 과정에서 자신의 부족한 부분을 파악하고 차이를 채워가며 '어제보다 나은 나'로 성장하는 것이다.

이는 팀원에게도 마찬가지로 적용된다. 일을 하다가 실패할 수 있고, 또 쓰러질 수 있다. 하지만 다시 일어서서 도전하도록 하는 것이 중요하다. 실패에 좌절하지 않고 원인을 찾아보고, 개선방안을 고민해야 한다.

성장하는 팀장은 실패했을 때 본인에게 부족한 점을 먼저 확인한 다음, 외부의 문제를 살펴본다. 대신 찾아낸 문제들은 다시 실패하지 않도록 보완한다. '완벽함만 추구하는 교만한 팀장'과의 차이점을 알겠는가? 완벽함을 추구하는 팀장은 문제가 발생했을 때, 그 이유와 원인을 자신이 아닌 외부에서 찾는다. 자신의 실수와 실패, 부족함을 드러내지 않기 위해서다.

여기서 꼭 기억해야 할 것이 있다. 우리가 성장하기 위해서는 나의 부족함을 인지하고, 내가 실패했다는 것을 인정하는 것에서부터 시작한다는 것이다.

자신의 부족함을 인정하는 팀장은 언제 어디서나 배울 것을 찾아다닌다. 또 자신의 부족한 점과 약점을 쉽게 인정하고 상대에게 도움을 요청한다. 이런 팀장에게는 책과 팀원의 피드백 모두 새로운 것을 알려주는 선생님이 된다.

팀에도 각각의 전략과 아이디어를 실행할 다양한 성향의 팀원을 둔다. 자신보다 뛰어난 역량을 가진 팀원이 있으면 나이나 경력에 상관없이 그 강점을 인정하고 도움을 요청한다.

도움을 요청하는 팀장에게 성공과 실패의 경험은 모두 유의미한 데이터다. 똑같은 것은 없다고 생각해 다음에 어떤 도전을 할지 고민하고 깨달은 바를 다음 실행에 반영한다. 이런 팀에게 당연히 새로운 일과 더 큰 목표는 두렵기만 한 존재가 아니다. 성장하려는 팀장, 그 팀에게 실패는 새로운 도전이자 성장의 발판이다.

LEADER'S
PLAN

2장을 읽은 후, 아래 질문에 답해보자.

Q. 2장에서 기억에 남는 문장은 무엇인가?

Q. 그 문장이 기억에 남는 이유는 무엇인가?

Q. 실제로 적용할 수 있는 구체적인 Action Plan은 무엇인가?

"탁월한 리더십의 핵심은 권위가 아닌, 영향력이다."

– 켄 블랜차드(세계적인 경영 컨설턴트) –

3장

요즘 팀장에겐
뭔가 특별한 것이
있다

성공하는 팀장에게는
스킬이 있다

나는 탁월한 팀장이 되기 위한 방정식이 있거나, 정해진 코스가 있다고는 생각하지 않는다. 단지 팀장과 팀원 그리고 속한 조직문화에 적합한지에 따라 다르다고 생각한다. 한 팀장이 A라는 기업에서 탁월하다고 평가받았지만, B라는 기업으로 이직해서는 최악의 팀장이 될 수도 있고, 그 반대의 경우도 자주 발생한다는 의미다. 또한 명의 팀장이 같은 팀의 팀원 A에게는 최고의 팀장이지만, B에게는 최악의 팀장일 수도 있다. 이번 장에서는 이렇게 같은 팀장이 다양한 상황과 다양한 사람들에게 다른 평가를 받는 이유에 대해 알아보려고 한다. 그 이유를 알게 되면 조금 더 나은 팀장의 모습을 갖출 수 있을 것이다.

팀장에게 필요한 스킬이란 무엇인가

팀원에서 팀장이 되면 이전보다 요구되는 스킬들이 많아진다. 이 스킬은 바로 팀장의 행동으로 나타나게 된다. 제대로 해보겠다는 마음가짐만 가지고는 팀장으로 성공할 수 없다. 그럼 리더에게 필요한 필수 역량은 무엇일까? 먼저 정리를 내려본다면, 팀장에게서 기대되는 가장 중요한 역할은 팀원이 가지고 있는 가능성과 잠재력을 끌어내 성장과 성과를 내도록 돕는 것이다.

영화 '어벤져스' 시리즈의 히어로들을 통해서도 이 개념을 대입할 수 있다. 각 영웅들은 막강한 능력을 가지고 있지만 혼자서 모든 문제를 다 풀지 못한다. 영화에서는 자신의 방식이 맞다고 고집을 피우며 상대방의 의견을 듣지 않는 등 소통을 제대로 하지 못해 갈등이 생기는 모습 역시 자주 볼 수 있다. 현실에서도 이런 모습을 자주 볼 수 있다. 팀장이 자신이 편하다고 생각하는 한 가지 방식과 능력으로만 팀원과 소통하면 부작용이 발생할 수밖에 없다. 모든 의사결정을 혼자서 하면 팀이 깨질 수밖에 없기도 한다.

가장 중요한 것은 바로 팀장이 이 점을 인정하고 팀원의 성장을 지지할 수 있는 리더십 기술과 의사결정권을 제대로 위임할 줄 아는 태도를 가져야 한다는 것이다. 이를 위해 40년 동안 600만 명의 리더를 훈련시킨 경영 분야 권위자 존 맥스웰이 제시한 5레벨 리더십을 팀장이 사용할 수 있는 모습으로 변경하여 소개해보려고 한다.

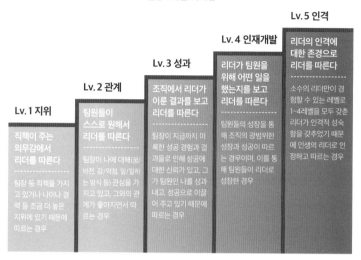

팀장 5레벨 리더십

Lv. 5 인격
리더의 인격에 대한 존경으로 리더를 따른다

소수의 리더만이 경험할 수 있는 레벨로 1~4레벨을 모두 갖춘 리더가 인격적 성숙함을 갖추었기 때문에 인생의 리더로 인정하고 따르는 경우

Lv. 4 인재개발
리더가 팀원을 위해 어떤 일을 했는지를 보고 리더를 따른다

팀원들의 성장을 통해 조직의 광범위한 성장과 성공이 따르는 경우이며, 이를 통해 팀원들이 리더로 성장한 경우

Lv. 3 성과
조직에서 리더가 이룬 결과를 보고 리더를 따른다

팀장이 지금까지 이룩한 성공 경험과 결과로 인해 성공에 대한 신뢰가 있고, 그가 팀원인 나를 성과 내고, 성공으로 이끌어 주고 있기 때문에 따르는 경우

Lv. 2 관계
팀원들이 스스로 원해서 리더를 따른다

팀장이 나에 대해(꿈/비전 강/약점, 일/일하는 방식 등) 관심을 가지고 있고, 그와의 관계가 좋아지면서 따르는 경우

Lv. 1 지위
직책이 주는 의무감에서 리더를 따른다

팀장 등 직책을 가지고 있거나 나이나 경력 등 조금 더 높은 지위에 있기 때문에 따르는 경우

1레벨: 권력의 리더십

1레벨은 '지위(position)'다. 팀장이라는 직책이 부여된 사람에게 팀원들은 그 권위를 인정하고 따른다. 1레벨에서 팀원들이 팀장을 따르는 이유는 간단하다. 그가 인사권, 평가권, 의사결정권을 일부 가지고 있기 때문이다. 모든 리더는 1레벨에서부터 시작한다고 보면 된다. 1레벨의 리더십을 잘 사용하면 어떤 강점이 있을까? 바로 빠른 실행력과 추진력, 팀원들의 일사불란함을 이끌어낼 수 있다. 지위가 주는 권한이 있기에 의사결정에 대해서도 주도적으로 할 수 있게 되고, 이를 통해 성과 중심, 목표 중심의 조직으로 이끌어갈 수 있다. 그런데 이때 리더로서 제대로 준비되지 않은 사람을 세우면

문제가 생길 수 있다. 객관적인 기준을 가지고 권력을 사용하는 것이 아니라, 주관적이고 자신을 위해 권력을 사용하는 사람을 세우면 조직이 순식간에 망가질 수 있기 때문이다.

만약 새로운 팀장이 발령을 받았다면 지위의 리더십을 얻게 하기 위해 무엇을 해야 할까? 다양한 방법들이 있지만, 아래의 활동으로 지위의 리더십을 팀원들에게서 얻을 수 있다.

1레벨 팀장의 행동

- 팀장으로서 자신이 팀을 어떻게 이끌어갈 것인지에 대한 비전과 리더십을 팀원에게 소개
- 팀장의 리더인 CEO나 임원이 신임 팀장이 가지고 있는 권한과 책임에 대해서 소개
- 팀장의 과거 경험과 경력, 강점, 팀원들에게 어떤 지원과 도움을 줄 수 있는지에 대해 소개
- 평가와 의사결정, 팀의 리소스 사용의 우선순위 선정을 통해 지위의 리더십 발휘

2레벨: 신뢰의 리더십

2레벨은 '관계(relationship)'다. 팀원들이 팀장과 좋은 관계를 유지하기 위해 자발적으로 따르는 수준이다. 이때 중요한 것은 편한 사이, 친한 사이가 아니다. 나에 대해 잘 알고 있고, 관심을 가져주

는 팀장이기에 리더로서 인정한다는 의미인 것이다. 그래서 2레벨의 리더십을 갖추기 위해서는 팀원 개개인에 대해 아래의 내용들에 대해서 관심을 가지고, 일할 때 연결시킬 수 있어야 한다. 그래서 관계의 리더십을 갖추고자 하는 팀장은 전체 시간의 20~30퍼센트 이상을 팀원들과 대화하고, 차를 마시며 서로의 이야기를 주고받기를 즐겨 한다.

2레벨 팀장의 행동

1. 일과 관련해서 팀원에 대해 안다.

• 팀원의 강점과 약점은 무엇인가?

• 팀원의 현재 과업은 무엇이고, 어떤 방식으로 일을 하고 있는가?

• 어떤 장애물이 그 팀원의 일을 막고 있는가?

• 일과 관련한 팀원의 경험, 지식, 경력은 무엇인가?

2. 팀원의 개인적인 목표에 대해 안다.

• 꿈과 비전, 가치관은 무엇인가?

• 왜 우리 회사에 왔는가? 이곳에서 무엇을 이루고 싶은가?

• 어떤 부분에서 동기부여 되거나 동기가 떨어지는가?

• 회사 안과 밖에서의 커리어 플랜은 어떻게 되는가?

팀원이 팀장과의 관계가 무너지면, 팀장의 리더십을 인정하지 않는다. 이때 잘못된 판단을 하는 팀장은 팀원과의 관계 유지에만 집중한다. 관계 유지를 통해 팀워크를 지키는 데 급급한 것이다. 물론 이것으로도 팀 성과를 낼 수 있지만 높은 목표를 설정하고, 실행하는 건 어려울 수 있다.

3레벨: 성공의 리더십

3레벨은 '성과(production)'다. 회사에서는 성과를 토대로 직원을 작은 조직의 팀장으로 세우고, 작은 조직의 팀장을 더 큰 조직의 리더로 발탁한다. 회사 관점에서는 지속적으로 탁월한 성과를 내는 사람이 팀장 선정의 주요 기준이 된다는 의미다. 팀원은 어떨까?

팀원들은 팀장이기 때문에 성과를 냈었던 경험이 있는 것은 당연하다고 생각한다. 대신 그들이 더 중요하게 생각하는 것은 팀원인 자신의 성과를 만들어주는가다. 3레벨의 리더가 되기 위해서는 팀원에게 주어진 목표가 달성될 수 있도록 지원해줘야 한다. 장애물 제거, 리소스 투입 등 함께 고민하고 해결책을 찾아갈 수도 있어야 한다. 실제 팀원이 복잡한 과업을 수행할 수 있도록 협업하는 부서와의 갈등, 동료와의 업무 프로세스나 의사결정에서 오는 혼란을 중재시켜주는 팀장을 따르는 모습을 우리는 자주 볼 수 있다. 결론적으로 팀원이 자신의 목표를 달성하고, 성과를 이루어내는 데 자신의 시간과 노력을 투입해주는 '우리 팀장님'은 나를 성공시켜주는 탁월한 리더가 되는 것이다.

- 팀원의 현재 과업과 목표에 관심을 가지고, 어떻게 일하고 있는지를 관찰하며 다양한 정보 습득
- 정기적인 일대일 면담을 통해 현재 진행 중인 과업의 진척도를 점검하고, 팀원이 과업 수행을 위해 필요로 하는 도움을 지원
- 잘하고 있는 행동과 일하는 방식을 찾아 인정·칭찬하며 팀원이 스스로 무엇을 잘하는지 인지하고, 자신감을 세워줌

4레벨: 성장의 리더십

4레벨은 '인재 개발(people development)'이다. 팀장이 팀원을 다음 리더로 성장시켜줬다는 믿음으로 그를 따르는 리더십이다. 다섯 단계 중 내가 가장 강조하고 싶은 단계로, 이 단계에 있는 팀장은 단기적인 성과보다 팀원의 성장에 먼저 관심을 가진다. 이유는 성장을 통해 성과가 따라온다고 믿기 때문이다.

이때의 팀장은 코칭을 통해 각 팀원에게 적합한 업무를 주고, 일하는 방식을 알려주면서 그를 양성한다. 또 팀원의 성공을 통해 조직의 성과를 키운다. 성장을 경험한 팀원들은 다른 동료와 후배에게 자신의 지식과 경험을 공유하며 또 다른 팀원들의 성공을 돕고, 그들의 성장을 도우며 조직 전체가 성장하는 선순환 구조를 만든다. 가장 긍정적인 모습으로 볼 때 서로 배우며 도움을 주는 조직문화가 만들어지고, 팀원의 성장에 비례해 조직도 성장하는 것이다.

이 단계에 들어서면 팀장은 팀원에게 '평생 팀장'이라 불리면서, 멘토이자 코치로 조직을 떠나 인생의 팀장이 되기도 한다. 이때 가장 중요한 것은 '의도적인 성장'을 지원한다는 부분이다. 이는 일을 통해서 어쩌다가 성장하는 것이 아닌, 팀원의 성장 계획을 함께 세우고, 목표로 하는 성장을 이루기 위해 계획적으로 학습과 배움의 환경을 조성하는 것을 의미한다. 예를 들어 A라는 팀원을 2년 후 팀장이 될 수 있도록 한다는 목표를 세웠다면, 팀장에게 필요로 하는 역량을 갖출 수 있도록 2년 동안 가르치고, 과업을 부여하고, 코칭을 통해 성장을 시킨다는 의미다.

4레벨 팀장의 행동

- 팀원의 사내 커리어 계획, 인생에서의 꿈과 비전을 이해하고, 팀에서의 과업을 잘 수행하면 개인의 목표도 달성할 수 있도록 팀 내의 과업과 맞춤

- 팀원의 역량(지식, 경험, 스킬, 도구 등)을 구체적으로 알고 있고, 더 높은 레벨로 성장하기 위해 가르치거나 학습할 수 있는 기회 제공

- 기존보다 크고, 높고, 복잡하고, 어려운 목표를 부여하거나, 기존에 해보지 못했던 새로운 과업을 부여하며 성장할 수 있는 환경 제공

- 솔직한 피드백을 통해 팀원이 성장하기 위해 개선해야 할 문제와 대안을 함께 찾고, 실행을 지원

- 팀원의 성장을 통해 리더로 성장시킴

5레벨: 구루의 리더십

5레벨은 '인격(personhood)'이다. 이 단계에서의 팀원은 팀장의 업무 능력뿐 아니라 인격적인 됨됨이까지 존경하고 구루(guru)와 같은 스승으로 여기며 따른다. 이때 팀원은 팀장의 성품, 인격, 가치관 등에 대한 신뢰를 기반으로 팀장의 말과 행동에 무조건 충성하는 것이다.

인격적인 부분에 대해서는 나 또한 방법을 모르기 때문에 행동을 정리하기가 쉽지는 않다. 하지만 하나 말할 수 있는 부분은 구루의 리더십을 갖추고 있는 팀장은 1~4레벨의 행동을 반복하고 있다는 것과 자신의 말과 행동이 일치하는 것, 그리고 공은 팀원에게, 과는 팀장 자신이 책임지는 모습을 반복해서 보이고 있지 않을까 한다.

레벨 리더십의 약점

그런데 이런 5레벨 리더십 중 1~3레벨에는 조금씩 약점들이 있다. 이 약점들은 초기부터 잘못 사용하면서 나올 수도 있지만, 각 레벨에 오랜 시간 동안 머무르게 될 경우에도 아래와 같은 약점들이 나타날 수 있다.

이 약점을 벗어나기 위해 팀장은 각 레벨에서 오래 머물기보다는 빠르게 다음 레벨로 행동을 옮기는 것이 필요하다. 이때 권하고

레벨	오랜 시간 같은 레벨에 머무를 경우 생기는 약점
1 지위	- 팀원들이 팀장의 직책과 권한에 눌려 다양한 의견을 내지 못하고, 주어지는 과업만 실행 - 이때 위임의 이슈가 생기면 팀장에게 모든 정보와 의사결정이 몰리는 병목 현상이 벌어지게 됨 - 팀원의 성장이 멈춤
2 관계	- 성과가 아닌 관계 중심의 팀으로 변화 - 팀원에게 객관적인 피드백을 주지 못하며 성과가 개선되지 않음 - 주관적인 평가로 팀장에 대한 신뢰도 하락
3 성과	- 기존 성공 방식만 고집(복잡하거나 새로운 방식에 도전하지 않음) - 팀 성과에만 집중하면서 팀장과 팀원의 성장에 무관심 - 실수와 실패를 노출하지 않음

싶은 것은 팀원의 레벨을 판단할 때 보수적으로 하라는 것이다. 예를 들어 A라는 팀원이 3레벨인지 의문이 든다면 2레벨로 생각하고 2~3레벨의 행동을 함께 보여주며 팀장의 리더십을 발휘한다. 또 B라는 팀원이 2레벨인지 고민이 된다면 1레벨부터 다시 시작하는 것이 좋다는 의미다. 이렇게 리더십은 'step by step'으로 팀원 한 명 한 명에 맞춰서 성장시켜가야 한다.

팀장의 5단계 리더십에 대한 오해

간단하게 팀장의 레벨별 리더십에 대해 설명했는데, 쉽게 오해하는 부분들이 있어서 한번 짚고 넘어가려고 한다.

오해① 팀장은 하나의 레벨로 정의될 수 있다?

종종 팀장의 리더십 레벨을 고정된 것으로 오해하는 경우가 있다. 단순하게 팀장을 1레벨의 팀장, 3레벨의 팀장으로 정의 내릴 수는 없다. 즉, 팀장의 리더십을 정할 수 있는 사람은 바로 팀원이고, 팀원이 10명이라면 팀장은 10개의 리더십을 가질 수 있다는 것을 의미한다. 같은 팀장이라고 하더라도 A라는 팀원은 1레벨, B라는 팀원은 2레벨, C라는 팀원은 3레벨의 팀장으로 리더십을 정의 내릴 수 있다는 의미다.

이렇게 되면 팀장의 행동 또한 쉽게 변화를 줄 수 있다. A팀원에게는 2레벨의 행동을, B팀원에게는 3레벨의 행동을, C팀원에게는 4레벨의 행동을 하면 팀장의 리더십이 팀원에 맞춰서 조금씩 성장할 수 있게 된다.

오해② 팀장의 레벨은 떨어지지 않는다?

앞의 오해에 이어서 생각해보자. 만약 현재의 팀에서 모든 팀원들에게 4레벨의 리더십을 인정받고 있는 팀장이 있다고 치자. 그런데 새로운 D팀원이 한 명 배치된다. D팀원에게 이 팀장은 몇 레벨일까? 그렇다. 1레벨이다. 이때는 1레벨의 리더십을 빨리 발휘해서 대화하고, 2레벨의 관계 리더십을 가질 수 있도록 시간을 사용해야 한다.

둘째, 이 팀장이 만약 다른 부서로 이동한다면? 또는 다른 회사로 이직을 한다면 어떻게 될까? 그곳에서는 새로운 팀원들이 있고,

새로운 환경에 처하게 된다. 그래서 모든 것이 리셋되고, 1레벨에서부터 다시 시작하게 되는 것이다. 하지만 이미 4레벨까지의 경험이 있는 팀장이라면 아주 빠른 속도로 레벨업을 할 수 있으니 큰 걱정은 하지 않아도 된다.

셋째, 팀원과의 관계가 무너지게 되면 어떻게 될까? 이때는 리더십 레벨도 낮아지게 된다는 것을 꼭 기억하자. 한 번 성과 내는 것을 도와줬다고 해서 그 팀장을 평생 3레벨의 팀장이라고 생각하지는 않는다. 꾸준하게 반복되어야 한다는 의미다. 그래서 팀장은 매번 정기적으로 팀원들에 대한 리더십을 검증할 필요가 있다.

오해③ 레벨은 한 번에 건너뛸 수 있다?

레벨은 단계별로 성장한다. 물론 오자마자 바로 성장의 단계로 갈 수는 있다. 하지만 중요한 것은 그 성과가 반복되어야 한다는 것이다. 팀원에 대해 더 많은 정보를 가지고 있고 그가 무엇을 잘하고 좋아하는지를 안다면, 그에게 어떤 경험과 지식, 경력이 있는지 알게 된다면 그 팀원이 성과 낼 수 있는 방법을 조금 더 쉽게 찾아낼 수 있다. 이때 리더십 레벨은 다음 단계의 리더십을 더 쉽게, 자주 이룰 수 있도록 돕는 역할을 한다고 이해하면 된다. 그래서 기초를 더욱 단단하게 만들어야 하고, 4레벨의 리더십이라고 해서 1~3레벨의 행동을 하지 않아도 된다는 의미가 아님을 기억해야 한다.

LEADER'S
PLAN

나는 팀원에게 몇 레벨의 팀장일지 생각하며 아래 표를 정리해보자.

팀원 이름	레벨 (팀원이 생각하는 나의 레벨)	이유	다음 레벨로 올라가기 위한 나의 Action plan

팀장이 사용할 수 있는 5가지 리더십 스킬

알고 있는 것을 실전에 적용하는 건 정말 어려운 일이다. 특히 스스로도 바꾸기 힘든데, 다른 사람에게 변화에 대한 영향력을 발휘하는 것이 쉬운 일은 아니다. 그래서 가끔 CEO나 팀장들에게 코칭을 알려드리다 보면 "배운 대로 코칭을 하면, 모든 구성원이 성장합니까?"라는 질문을 적잖게 받는다.

나는 1장에서 소개했던 팀장의 3가지 부캐 중 코치의 역할을 강조하지만, 모든 사람에게 코칭이 정답처럼 적용된다고 생각하지는 않는다. 오히려 다른 리더십 스킬을 알려주기도 한다. 실전에서는 저마다 다른 상황을 충분히 만날 수 있기 때문이다. 그래서 코칭을 포함해 유용하게 사용할 수 있는 실전 리더십 스킬을 이야기해보겠다.

언제 어떤 스킬을 사용해야 할까

1차적으로 모든 팀원에게 코칭(Coaching)을 시도하는 것은 필요하다. 그 팀원에게 코칭이 적합한지, 아닌지를 확인해야 하기 때문이다. 코칭을 가장 하기 좋은 팀원은 자발적으로 코칭을 받거나, 소통을 하고 싶어 하는 팀원이다. 즉, 자신의 성장과 성공을 위해 팀장에게 먼저 다가오는 팀원에게 적합한 방식이다. 하지만 팀장에게 코칭보다 다른 리더십을 원하는 팀원도 적잖을 것이다. 이들에게는 멘토링(Mentoring), 티칭(Teaching), 컨설팅(Consulting) 그리고 카운슬링(Counseling) 등 다른 리더십 행동을 시도하면 좋다.

먼저 팀장은 팀원의 입장에 서서 그가 맡은 업무와 동기부여 상태를 고려해야 한다. 이를 기반으로 코칭과 멘토링, 컨설팅과 티칭 중 어떤 것을 사용할지 판단해야 한다. 다음의 그래프에 나타난 일할 때의 주도권이 가늠자 중 하나다. 팀원 쪽에 가까운 건 팀원이 스스로 일을 할 수 있는 권한을 가지고 있는 상태라고 생각하면 된다. 이때는 팀원이 과업을 명확하게 이해하고 있고, 그 과업을 수행할 수 있는 역량과 지식, 기술을 가지고 있고 일을 하고자 하는 동기도 갖추고 있을 때다. 반대로 주도권을 팀장이 가지고 있다는 의미는 팀장이 지시하고, 가르치고, 판단하는 형태로 팀원이 일을 하고 있는 상태라고 생각하면 된다. 이때 주도적으로 일할 수 있는 역량과 동기를 갖춘 팀원에게는 코칭과 멘토링을, 반대의 팀원에게는 티칭과 컨설팅을 활용하는 것이 좋다.

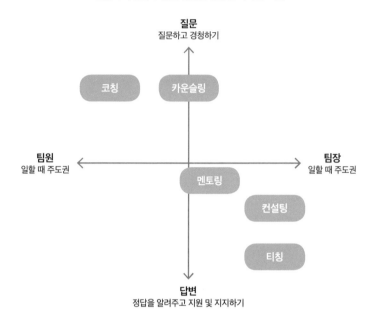

팀장이 사용할 수 있는 유용한 상황별 리더십 스킬

질문
질문하고 경청하기

코칭　　카운슬링

팀원　　　　　　　　　　　　　　　　팀장
일할 때 주도권　　　　　　　　　　일할 때 주도권

멘토링

컨설팅

티칭

답변
정답을 알려주고 지원 및 지지하기

　　팀원에게 주도권을 줄 때는 경청과 질문을 중심으로 대화를 이끌어가고, 주도권을 팀장이 가질 때는 지시하고, 가르치는 행동을 주로 활용하면 된다. 그렇다고 지시와 가르침의 경우 "알려준 대로만 해"라고 말하는 것이 아니라, 이를 바탕으로 팀원이 자신만의 방식을 찾도록 하는 것이 필요하다. 예를 들어 "지금 내가 가르쳐준 방식대로 해도 되지만, 만약 가능하다면 자네의 생각이나 방식을 좀 더 추가해서 업그레이드를 해봤으면 좋겠어. 그 방법이 더 좋을 수도 있으니까"라고 이야기할 수 있다.

이럴 때는 이런 리더십 스킬을

그렇다면 어떤 상황에서 어떤 리더십 스킬을 쓰면 좋을까? 실전에서는 어떤 경우에 티칭, 멘토링, 컨설팅, 코칭, 카운슬링을 쓸 수 있는지 좀 더 알아보자.

• 티칭

만약 입사한 지 한 달밖에 안 된 신입사원이라면 질문보다 가르침 위주인 '티칭'을 주로 활용해야 한다. 지식과 경험이 부족한데, 잘하고자 하는 열정이 가득한 신입사원에게 '알아서 하자'라고 한다면 전혀 예상치 못한 결과가 나올 수도 있기 때문이다. 이때는 일하는 방식을 구체적으로 알려주고, 실제 그 방식으로 일을 하는 모습을 보여주면서 알려줘야 한다. 그리고 진행 과정을 수시로 피드백하며 가능한 한 많은 인정과 칭찬을 주는 것이 좋다. 경험이 적은 신입사원은 대부분의 업무가 익숙하지 않기 때문에 긴장을 많이 하고 있어서 인정과 칭찬으로 자신감을 올려주면서 조금 더 업무에 동기부여 시키기 위함이다.

• 멘토링

업무 경력이 충분한 팀원에게는 어쩌면 '멘토링'이 더 필요할 수도 있다. 함께 과업에 대해 이야기를 나누다가 장애물에 봉착했거나, 팀장이 보기에 조금 더 나은 방법이 있을 때 자신의 성공, 실패한 경험과 의견, 노하우를 나누는 방법이다. 이때 유의해야 할 점은 '나 때는 말이야'로 들리지 않아야 한다는 것이다. 팀장의 사례는 이미 과거이고, 지금은 조금 다른 환경이기에 "지금 자네가 고민하고 있는 영역은 나도 경험을 해봤었던 부분인데, 참고로 한번 들어보면 좋겠어. 나는 ○○ 상황에서 ○○○이라는 방식으로 그 문제를 해결해봤는데, 이런 방법을 한번 고민해보는 것은 어떨까? 무조건 내 방식이 맞을 거라고 나도 생각하지는 않아"라는 이야기로 접근하면 어떨까. 팀원의 생각을 듣는 시간도 충분히 가지면서 문제의 해결을 함께 고민해 가면 좋다.

• 컨설팅

'컨설팅'은 한 분야의 전문가가 상세하게 상담하고 도와주는 것을 말한다. 그렇다면 팀장은 컨설팅을 언제 사용하면 좋을까? 전문적인 지식과 경험이 필요한 시점이나 시급한 상황에서 빠르게 의사결정을 해야 할 때 사용하면 좋다. 이때는 리더가 팀원의 과업에 대해 구체적으로 파악하고 분석한 후 문제가 무엇인지, 문제를 어떤 방식으로 해결하면 좋은지를 이야기해주는 것이다. 그리고 팀원이 힘을 낼 수 있도록 지원과 지지를 통해서 변화를 주는 것을 의미한다. 이때는 시간이 허락하는 한 충분히 팀원들의 의견과 생각들을 나누는 시간이 있으면 더욱 도움이 된다.

• 코칭

역량과 업무 이해 능력이 높고, 성장에 대한 의지가 높은 팀원에게는 '코칭'이 필요하다. 코칭은 맡은 일의 목표를 어떻게 달성할지, 차상위 리더의 역할이 주어진다면 어떻게 하면 좋을지 등 더 높은 관점에서 팀원 스스로 생각하도록 질문하는 것이다. 업무의 구체적인 목표 역시 이전보다 높게 잡도록 이끄는 것도 필요하다. 목표가 높아지는 순간, 팀원들은 학습을 통해 더 높은 수준의 역량을 만들려고 한다. 특히 A급 팀원은 목표가 높아지면 달성하기 위해 필요한 역량을 주도적으로 학습하면서 더 높은 수준을 향해 나아간다. 또 일을 실행하는 방법은 A급 팀원이 주도적으로 정하도록 하면서 팀장은 동의·합의하는 쪽으로 운영해도 이들은 일할 동기를 느낀다. 중요한 것은 A급 팀원에게도 성장을 위한 피드백은 필요하다는 것이다.

• 카운슬링

심리적인 문제나 고민을 해결해주려는 상담 활동을 '카운슬링'이라고 한다. 팀장은 때로 카운슬링도 해야 한다. 억지로 할 필요는 없지만 팀원에게 도움이 필요하다면 할 수 있는 것은 하는 것이 좋다. 힘든 일이 있어 위로와 격려가 필요할 때, 회사 일이 아닌 다른 걱정이 있을 때, 동료들과의 갈등으로 마음의 상처가 있을 때, 팀원의 고민을 적극적으로 듣고, 함께 시간을 보내주는 것만으로도 큰 위로가 될 수 있다.

코칭	**자전거를 탄다는 목표를 이룬 모습을 상상하게 해 동기를 부여한다.**
	- 자전거를 배우려는 이유는?(친구들과 놀기 위해)
	- 자전거를 잘 타면 뭐가 가장 하고 싶을까?(친구들과 공원에서 놀고 싶다)
	- 친구들과 호수 공원에서 즐겁게 노는 모습을 떠올리게 하며 격려한다.
카운슬링	**자전거를 잘 타지 못하게 하는 마음속 장애물을 찾아 제거해준다.**
	- 자전거가 어려운 이유는?(넘어지면 아프고, 빨리 못 배우면 친구들과 비교된다)
	- 아픈 마음, 비교되는 마음에 공감하며, 누구든 그렇게 배운다는 것을 알려준다.
	- 또 지금 잘 타지 못하는 것은 배우는 과정이기에 자연스러운 모습이라고 격려한다.
멘토링	**리더가 과거 자신의 경험을 바탕으로 자전거 타는 방법을 알려준다.**
	- 과거의 성공·실패 사례를 공유해주며 격려한다.(나도 어렸을 때 자전거를 타려고 100번도 더 넘어졌어. 처음에는 할아버지가 자전거 뒤를 잡아주셨고, 매일 1시간씩 연습하니 어느 순간 탈 수 있었어. 우리도 매일 1시간씩 연습해볼까?)
컨설팅	**리더의 지식, 스킬 경험을 바탕으로 장단점을 찾고, 지원·지지한다.**
	- 장점 찾기(내가 너의 자전거 타는 모습을 지켜보니, 처음 페달을 밟을 때 오른발로 먼저 밟는 게 좋겠다)
	- 단점 찾기(그런데 너는 왼발로 페달을 먼저 밟으니 균형이 흐트러지더라)
	- 제안하기(시선은 정면 15도 위쪽을 보면 자전거 균형 잡는 게 쉬울 거야)
	- 지원·지지하기(다시 한번 해볼까? 이번에는 잘할 수 있을 것 같아. 다른 부분들은 이미 잘하고 있어. 한 번 더 힘내보자!)
티칭	**이론, 원리를 바탕으로 자전거 타는 방법을 구체적으로 가르친다.**
	- 이론 알려주기(자전거는 바퀴가 2개이고, 앞으로 가려면 페달을 통해 힘을 주고, 바퀴를 굴리면서 움직여야 해. 핸들을 잡고 방향을 제어하면 되고, 브레이크는 속도를 늦추는 기능을 갖고 있지)
	- 실전 알려주기(타는 원리를 먼저 알려줄 테니 배운 대로 한번 타볼까?)

리더십 스킬이 통하지 않는다면

마지막으로 최악의 경우를 짚고 넘어가겠다. 팀원에게 코칭 외에 다른 방법을 활용하는 노력마저 통하지 않으면 어떻게 해야 할까? 결국 팀장은 일정 시점에서 팀원의 기회를 박탈해야 한다. 그렇다면 그 시점은 언제일까? 정답은 없지만 나는 '팀장과 회사에서 변하고 배울 수 있는 기회를 반복적으로 줬지만 행동과 일하는 방식이 변하지 않을 때'라고 말한다. 통상적으로 피드백 미팅을 2~3번 했을 때도 변하지 않는다면 기회를 박탈할 시점에 가까웠다고 본다. 이때의 피드백 미팅은 분기나 반기에 한 번 진행하는 평가 피드백을 말한다.

함께 일할 수 없다는 결정을 내리는 '기회 박탈'이란 말은 무섭지만, 이익을 내야 하는 비즈니스 세계에선 리더가 분명하게 가져야 할 태도다. 이렇게 행동해야 하는 이유는 2가지가 있다.

하나는 팀원을 위해서다. 기회를 박탈당하는 팀원은 우리 팀에서는 맡겨진 업무를 제대로 수행하지 못했다. 그 이유는 역량 부족, 동료들과의 불화, 팀장과의 합이 맞지 않을 수도 있고, 실제 본인이 하고 싶지 않은 일이었기 때문일 수도 있다. 그런데 다른 팀이나 다른 직무, 다른 회사에서도 그럴까? 아니다. 다른 곳에서는 A급 인재가 될 수도 있다. 모든 사람이 모든 조직에서 인정받는 것은 아니다. 나와 적합한 FIT를 찾았을 때 성공할 수 있는 것이다. 그 기회를 잡을 수 있도록 도와주는 것도 팀장의 몫이다.

두 번째는 동료 팀원들을 위해서다. 만약 부족한 팀원의 자리에 다른 A급 팀원이 있다면 팀의 성과는 어떻게 될까? 아마 더 높은 수준의 목표를 달성하고, 동료들의 학습과 성장에 긍정적인 영향을 끼칠 것이라고 생각한다. 어쩌면 우리 팀에서 빨리 빼야 하는 팀원이 함께 있으므로 해서 동료들의 성장과 성공 기회를 빼앗고 있는 것은 아닌지, 동료들의 에너지를 빼앗고 있는 것은 아닌지를 생각해봐야 한다.

마이크로 매니징은
나쁜 걸까?

앞에 나온 리더십의 5가지 스킬 외에 한 가지 스킬이 더 있다. 상사가 업무 지시를 구체적으로 하고 사소한 부분까지 관리·감독하는 '마이크로 매니징(Micro Managing)'이다. 상사가 주도권을 쥐고, 디테일하게 지시하며 팀원은 지시받은 일을 얼마나 잘 해내느냐가 성과로 평가되는 방식이다. 많은 사람이 마이크로 매니징이 상사 중심의 매니징이라고 보고 '나쁜 리더십'이라 오해한다.

물론 코칭이나 멘토링 등을 통해 일을 잘 해내는 팀원에게 마이크로 매니징을 사용하면 역효과가 날 수 있다. 그러나 반대로 마이크로 매니징이 필요한 팀원도 있다. 앞서 티칭이 필요하다고 한 신입사원의 경우가 마이크로 매니징을 통해 더 빠르게 성장할 수 있는 대표적인 예다. 그리고 역량도 부족한데, 일을 하고자 하는 의지도 없는 인원에게도 마이크로 매니징을 통해 행동의 변화를 이끌어내는 것이 필요하다. 세상에 정답이 없듯이, 리더십 또한 사람과 상황에 따라 적합한 행동을 사용할 수 있어야 한다는 의미다. 그럼 누구에게 언제 마이크로 매니징이 필요한지 알아보자.

세세한 설명이 고마운 초보 직장인에게

대체적으로 신입 팀원은 일하는 방식이나 스킬, 자신의 회사와 팀의 비즈니스에 대한 이해도는 부족하지만 무슨 일이든 맡기기만 하면 해보겠다는 열정이 넘친다. 입사 초기를 돌이켜보자. 열정에 비해 구체적인 계획이나 지식, 스킬은 부족한 때였을 것이다. 그래서 신입이 한 명의 동료로 인정받기 위해서는 팀장이 가르쳐야 할 것이 많다.

보통 신입 팀원이 혼자 일을 A부터 Z까지 하려면 최소 입사 후 1년은 걸린다. 그렇기에 신입 팀원이 왔을 때 처음부터 너무 큰 부담을 주기보다 한 명의 동료로 인정받을 수 있도록 최대한 많은 시간을 투자하길 바란다. 그렇다면 팀장은 무엇을 알려줘야 할까?

• 일할 때 사용하는 도구

회사에서 일할 때 사용하는 툴, 프로그램, 회사 메신저 등은 당연히 먼저 알려줘야 한다. 신입 팀원은 문서 다루는 기술과 자격증은 있어도 보고서 작성하는 법을 모를 수 있다. 예를 들면 조직의 특성에 따라 일부 조직은 기안, 결재 등 관련 서류 양식을 비롯해 독특한 보고서 작성법이 있을 수 있다. 또 구성원들만 사용하는 소통 방식, 일하는 방식이 정해져 있을 수도 있다. 이렇게 '조직문화'라고 불리는 행동들을 신입 팀원에게 반드시 알려줘야 한다.

실제 업무를 할 때도 어떻게 일해야 하는지 구체적으로 안내해야 한다. 신입 팀원은 고객 조사법, 아이디어 구상법, 심지어는 법인카드 사용·정산하는 방법 등 사소한 것까지 모르는 점이 많이 있다. 그런데 이런 사소한 부분을 몰라서, 시간을 낭비하거나 선배들에게 물어봐야 할 때 얼마나 위축되었는지 아마 경험해본 사람들은 다 알 것이다. 고객 조사를 예로 들면, 우리 고객이 누구인지 먼저 알려줘야 하고 고객 조사를 하는 이유와 목적, 어디에서 어떤 방식으로 조사를 하는지 알려줘야 한다. 결과물과 조사를 통해 얻고자 하는 결론도 예시를 들어 알려주면 좋다.

이렇듯 신입 팀원만큼은 팀장이 마이크로 매니징을 할 수밖에 없다. 온보딩(Onboarding: 조직에 새롭게 합류한 구성원이 빠르게 적응할 수 있도록 돕는 시스템. 교육, 멘토링, 면담, 사내 투어 등 다양한 활동을 통해 심리적 안전감을 갖도록 돕는 것) 가이드와 같은 상세한 매뉴얼을 만들어 안내해도 좋다.

• 동료들의 특징

조직에서는 팀워크를 위해 서로에 대해 얼마나 잘 이해하는지, 서로에게 어떻게 잘 맞추는지가 중요하다. 당연하지만 생각보다 달성하기 어려운 팀워크 확립을 위해서는 일하는 협업 방식을 고민하기보다 먼저 각 사람에 대한 정보 습득이 먼저라는 의미다. 이는 리더십 2레벨에 해당하는 행동이기도 하다.

신입 팀원은 함께 일하는 팀원과의 소통법을 몰라 실수하는 경우가 많다. 만약 소통을 할 때 논리적인 숫자와 근거를 가지고 이야기하는 것을 익숙하게 여기는 선배에게 갑자기 떠오른 추상적인 아이디어를 던진다면 어떨까? 또 집중할 때는 방해받는 것을 싫어하는 선배가 중요한 작업을 할 때 갑자기 말을 건다면 어떨까? 이런 상황이 반복되면 팀원 간의 관계가 무너질 수 있기에 동료의 성향을 알려주는 것이 중요하다. 성향적 특징 외에 각 팀원이 가진 경험과 경력, 강·약점, 과업과 관련된 보유 지식 등에 대해서도 알려주면 좋다. 도움이 필요할 때 그것을 가지고 있는 동료에게 가서 물어보면 조금 더 빠르게 문제를 해결할 수 있기 때문이다.

• 업무의 역사

조직이 가진 비전과 신입 팀원이 맡을 업무의 역사를 알려주는 것도 필요하다. 일에 뛰어들기 전에 기준부터 세우게 하는 것이다. 우리 부서의 프로젝트가 어떻게 시작되었고, 1~2년 전에는 해당 내용이 어떻게 진행되었으며 어떤 기록이 있는지 사례별로 공유해야 한다. 팀의 역사를 공유하는 일을 통해 신입 팀원이 과거의 실수를 반복하지 않고, 성공을 반복하도록 만들어야 한다.

　팀에는 암묵적으로 절대로 해서는 안 될 '금기'가 있을 수 있다. 만약 신입 팀원이 시간을 엄수하는 조직 또는 팀장과 일한다면 시간 준수는 필수라고 알려줘야 한다. 또 회의를 할 때 부정적인 표현이나 다른 사람의 의견을 비판하면 안 되는 문화인지, 반대로 개인의 의견을 솔직하게 이야기해야 하는 문화인지도 알려줘야 한다. 최근 스타트업에서는 '님'이라고 호칭하거나 영어 이름을 부르는 경우가 있는데, 이때 중요한 건 '존칭과 반말을 어떻게 사용해야 하는가'다. 조직문화에 따라 아무리 친한 사람이라도 존칭을 사용할 수도 있고, 반대로 대표에게 반말로 이야기를 할 수도 있다. 어떤 회사에서는 솔직하게 자신의 의견을 말하는 문화를 갖고 있었고 금기가 '자신의 의견을 이야기하지 않는 것'이었다. 신입사원이니까 일단 지켜보면서 배우라는 것이 아니라 신입사원이기에 더 적극적으로 MZ 세대인 자신의 의견을 이야기해야 하는 것이다. 아무리 일하는 자세가 좋다고 해도 하지 말아야 할 행동을 알지 못하고 한다면 그에 대한 평판은 엉망이 될 수밖에 없다. 실력이 아닌 태도로 우리와 맞지 않는 팀원으로 낙인이 찍힐 수도 있다.

　신입 팀원에게는 피드백도 중요하다. 나는 이때 마이크로 매니징을 이용해 깐깐할 정도로 자주 확인하고 피드백하는 것을 권한다. 왜냐하면 신입 팀원이 맡은 과업을 데드라인 직전에 확인하면 거의 대부분 수정해야 하는 상황이 생기기 때문이다. 과업에 대한 이해도가 낮은 신입 팀원은 아무리 구체적으로 지시해도 맡은 일을 잘못된 방향으로 끌고 갈 확률이 높다. 그래서 문제가 생기기 전 지시된 방향으로 잘 진행되는지 수시로 확인해야 한다.

대신 확인을 할 때 질책보다는 칭찬을 많이 하려고 노력하자. 사소한 점이라도 칭찬할 거리가 있으면 칭찬하고, 격려하는 것이다. 여기에 눈앞에 보이는 성공도 중요하지만, 멀리 있는 목표와 기대하는 모습을 향해 지속해서 성장하는 것도 중요하다고 조언해주면 좋다. 신입 팀원은 매일 '잘할 수 있을까?'라는 두려움을 안고 출근한다. 그래서 사소한 질책에도 움츠러들고 작은 칭찬에도 으쓱해진다. 그들이 심리적 안전감이 생기고, 자신감 있게 일하려면 매일매일 자기 긍정성을 마주하는 시간이 필요하다.

일하고 싶은 마음이 없는 팀원에게 필요한 기회를

일할 동기가 부족하거나 낮은 성과를 지속적으로 보이는 팀원에게도 마이크로 매니징이 필요하다. 그래야 하는 이유는 일할 의지가 없는 팀원이 주변 동료에게 끼치는 부정적인 영향 때문이다. 이 부정적 영향력은 빠르고 강해서 다른 동료의 일할 의지까지 빼앗아 버린다. 그래서 나는 이들을 '에너지 뱀파이어'라고 부른다.

이런 팀원들이 일에 몰입하지 못하는 이유는 개인에 따라 다양하다. 평가와 보상이 낮아서, 자신이 하고 싶은 일이 아니라서, 팀장과 동료에게 인정·칭찬을 못 받아서일 수도 있다. 자신이 잘 모르거나 역량 밖인 업무를 맡았을 수도 있고, 함께하는 동료가 어색해서일 수도 있다. 어쩌면 팀장과의 관계가 틀어졌거나, 개인적인 일도 걸림돌이 될 수 있다. 이때 팀장은 팀원이 몰입하지 못하는 이슈를 찾아, 통제 가능한 영역은 마이크로 매니징을 활용해 일할 동기를 회복하도록 독려해야 한다. 구체적인 지시와 피드백, 잦은 대화, 작은 변화에 대한 인정이 이때 도움이 될 수 있다.

이 경우 약속을 지키지 못했을 때 서로 합의한 페널티를 부여하는 방법도 사용할 수 있다. 합의한 성과를 비롯해 변화하려는 행동과 의지를 보여주지 못하면 페널티를 주고, 강제적으로라도 일에 몰입하게 만들어야 한다. 대신 강제성이 일부 반영된 몰입을 통해 성과가 나면 그에 따른 인정과 칭찬을 주고, 팀원에게 이후로 주도적으로 일할 수 있도록 다시 리더십을 돌려놓을 수 있다. 즉, 마이크로 매니징을 해야 하는지에 대한 결정은 팀원의 행동을 보고 판단해야 한다는 의미다. 만약 마이크로 매니징에도 불구하고 팀원이 상황을 개선하지 못하고 주변에 악영향을 준다면, 기회를 주지 않는 강수까지 고려해야 한다. 낮은 평가를 주거나, 일하기에 더 적합한 부서로의 재배치를 조심스럽게 제안할 수도 있다.

속도전이 필요하다면 마이크로 매니징

상황에 따른 마이크로 매니징도 있다. 마감이 얼마 남지 않은 프레젠테이션을 준비할 때처럼 시간은 부족하나 팀에 중요한 의사결정이 필요할 때가 대표적이다. 당장 고객사와의 미팅 시간을 앞두고 있어 팀원의 의견을 일일이 확인할 시간이 없다. 이때는 팀장이 결단력을 보이며 명확한 지시를 내려야 한다. 팀장의 판단에 따라 일사불란하게 목표를 단기간에 달성하는 것이 중요하다. 건물에 불이 났을 때 상황을 물어보면서 시간을 허비하는 게 아니라 팀장이 주도적으로 불 끄는 사람과 신고할 사람, 사람들을 안내해서 밖으로 이동시킬 사람 등을 빠르게 정하는 것처럼 말이다.

팀장이나 리더가 나서야만 해결할 수 있는, 책임이 큰 업무도 마이크로 매니징을 통해 해내야 한다. 예를 들어 스타트업에서 벤처캐피털 투자를 받으려고 한다면 이 프레젠테이션은 경영자가 직접 해야 한다. 경영자만이 자기 회사의 내용을 가장 잘 알고, 전략적인 방향과 이야기를 가장 잘 전달할 수 있기 때문이기도 하고, 투자자는 대표를 보고 투자를 하기 때문이다. 이때만큼은 홍보실이나 재무팀에 자료를 맡기는 것이 아니라 경영자가 직접 내용을 붙잡고, 담당자에게 구체적인 지시를 내려 자신이 말하고자 하는 전략들을 잘 설명할 수 있게 스토리 라인을 짜야 한다.

마지막으로 마이크로 매니징을 맺고 끊는 것도 중요하다. 신입 팀원의 적응이 어느 정도 끝났거나, '에너지 뱀파이어' 팀원이 일할 동기를 회복했을 때, 또는 긴급한 이슈를 해결한 뒤라면 기존에 사용하던 리더십으로 돌아가야 한다.

그래서 마이크로 매니징이 필요할 때는 팀원과 기간, 소통 방식,

일하는 프로세스를 합의하거나 미리 동의를 구하길 권한다. 그 과정에서 팀원은 팀장의 개입이 필요한 이유와 자신의 현재 태도, 마이크로 매니징이 미칠 긍정적 영향을 이해해야 한다.

마이크로 매니징을 해야 할 때 지시 사항

① 기대하는 목표(What)

② 마이크로 매니징을 해야 하는 이유(Why)

③ 마이크로 매니징으로 일하는 방법(How): 가능한 한 구체적으로 방법 제시, 중간 피드백 일정 사전 공유

④ 마이크로 매니징을 종료하는 기준: 일정 성과, 일하는 태도, 결과물의 성과, 시점 등의 조건을 갖췄을 때

팀원에 따라 팀장의 시간을 다르게 사용하라

각 구성원의 성향에 따라 어떤 피드백과 리더십이 필요할까? 이를 판단하기 위한 리더십 4분면을 소개한다. 이 그래프를 통해 5레벨 리더십과 5가지 스킬을 어떻게 사용해야 할지 고민하면 팀장이 팀원 개개인에게 시간을 얼마나, 어떻게 사용해야 하는지를 이해할 수 있다.

이 그래프를 통한 분석을 하기 위해서는 먼저 팀원에 대해 아래 3가지를 정리하는 시간이 필요하다.

1. 팀원의 현재 과업은 무엇이고, 하고자 하는 의지가 있는가?

2. 그 과업을 수행하기 위해 필요한 경험, 지식, 스킬, 도구(Tool) 사용법은 어느 수준인가? 과업을 수행하기 위해 필요한 역량 중 개선하거나 학습이 필요한

부분은 무엇인가?

3. 그 과업은 팀원이 열정적으로 몰입할 수 있는 주제와 수준인가?

이 3가지 질문을 통해 현재 팀원이 어느 위치에 있는지를 확인해 볼 수 있다. 먼저 아래와 같이 표로 정리하면 좋다.

이름, 맡고 있는 과업 (하고자 하는 의지)	과업을 수행하는 데 필요한 해당 팀원의 역량 (지식, 경력, 경험, 스킬, 도구 등)	개선 및 학습이 필요한 역량
김○○ 과장, 매니저 리더십 코칭 (높음)	대기업, 스타트업 포함 리더 양성 및 코칭 경험 多, 조직문화와 연결하여 학습 진행, 인증 코치 자격 보유	우리 회사 리더에 대한 정보 부족, 비즈니스 모델 학습 필요

정리한 것을 참고해 팀원이 4분면 중 어느 구역인지를 확인한다.

리더십 4분면

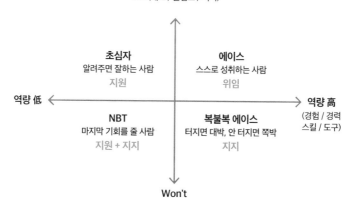

가장 중요한 것은 모든 직원들을 에이스의 위치로 갈 수 있도록 팀장이 도와줘야 한다는 부분이다. 물론 그것은 지극히 어렵고, 불가능하다는 생각도 든다. 하지만 한 번쯤은 도전해보면 좋지 않을까?

스스로 성취하는 에이스에게는 위임을

에이스 구역에 있는 팀원들은 자신이 해야 할 과업을 달성하기 위한 역량과 그 과업의 목표를 달성하고자 하는 의지를 갖추고 있다. 한마디로 이야기하면 '레벨을 초월하는 역량·경험을 바탕으로 목표를 달성하고자 하는 의지가 있는 팀원'으로, 팀에서 가장 중요하고, 큰 성과를 이루는 인원이다. 팀장의 시간을 가장 적게 사용하면서도 함께 일하며 바라보는 것만으로 행복을 준다. 이 구역의 팀원들에게는 스스로 자신의 업무를 추진할 수 있도록 위임하고, 팀과 회사에서 더 큰 역할을 수행할 수 있도록 동기부여 시키는 것이 필요하다. 에이스 팀원의 경우 높은 목표가 주어지면 그 목표를 달성하기 위해 학습하기 때문이다.

한 가지 유의해야 할 부분은 바로 피드백이다. 에이스이니까 모든 것을 다 잘할 거라고 방치하기보다는 그럼에도 불구하고 성장을 위해 개선해야 할 부분을 찾아 피드백을 전달해줘야 한다. 이런 피드백이 제공되지 않으면 누구든지 '나는 잘하고 있나? 나는 성장하고 있나?'라는 고민에 휩싸이게 되기 때문이다.

팀장이 시간을 사용하는 방법

- 목표는 기존보다 크고, 높고, 어려운 수준으로 부여
- 목표는 팀장과 함께 설정하되, 그 목표를 달성하는 'How'는 주도적으로 할 수 있도록 위임
- 인정·칭찬과 함께 성장을 위한 피드백 제공
- 팀의 주요 의사결정 회의 등에 적극적으로 참여 유도(성장을 위해 큰 시야를 갖도록 양성)
- 업무의 확장, 경력과 경험의 성장을 위한 새로운 도전과 과업 제시
- 실행하는 데 방해되는 장애물을 물어보고 제거해주기

알려주면 잘하는 초심자에게는 지원을

이 구역에 있는 팀원들은 신입사원, 최근에 입사한 경력 직원, 또는 직무나 부서가 재배치된 팀원에 해당한다. 특히, 경력 직원의 경우는 직무와 관련된 역량은 뛰어나지만, 우리 팀의 히스토리와 일하는 방식, 조직문화, 고객의 특징 등에 대해서는 잘 모르기 때문에 입사 후 일시적으로 초심자의 구역에 위치한다. 이들은 목표 달성 및 성장, 일을 제대로 하고자 하는 의지는 높지만 역량, 경험, 스킬, 조직문화 적응 등 부족한 부분이 있는 팀원이다.

이 구역에 있는 팀원들에게는 과업을 부여하거나, 부서에 배치된 초기에 시간을 어떻게 투자하느냐가 중요하다. 집중적으로 필요한 역량과 스킬을 가르쳐 활용할 수 있도록 해야 하며, 특히 조직문화

와 일하는 방식에 대해서는 스스로 행동으로 옮길 수 있도록 정기적으로 만나 인정·칭찬과 함께 피드백을 전달해야 한다. 이때 발전적 피드백보다 지지적 피드백을 많이 하는 것이 좋다. 중요한 것은 초기 자신감을 갖고, 빨리 적응할 수 있도록 작은 성공을 포착하고, 인정과 칭찬에 좀 더 비중을 두는 것이다. 팀장이 시간을 많이 사용하게 만드는 팀원들이지만, 투자하는 시간만큼 성장이 보이는 팀원들이라 시간을 사용하는 맛을 알게 된다. 이때 모든 것을 다 팀장이 가르쳐야 할 필요는 없다. 팀 내 다른 팀원들에게 각자가 잘 가르칠 수 있는 주제를 맡겨서 팀원들이 서로 돌아가면서 누군가를 가르치도록 하는 방식을 사용하는 것을 더 추천한다. 예를 들어 팀원 중 서류 작성 능력이 뛰어난 A에게 보고서 작성법을 가르치게 하고, 업무 속도가 빠른 B에게는 우리 팀의 일하는 방식을 가르쳐 보도록 한다면 초심자뿐만 아니라 기존 팀원들의 성장도 도모할 수 있게 된다. 또 다른 부서의 동료들에게 우리 팀원을 잠시 가르쳐 달라고 요청하고, 더불어 그 부서의 다른 팀원들을 우리 팀에서도 가르칠 수 있게 품앗이를 하는 것도 좋다. 이런 과정을 통해 회사 관점에서 더 시너지를 낼 수 있는 팀이 될 수 있다. 이는 팀장으로서의 내가 더 성장하게 된다는 의미다.

팀장이 시간을 사용하는 방법

- 과업의 목표를 달성하기 위해 필요로 하는 역량을 찾아 교육하기
- 구체적으로 과업을 부여하고, 중간 피드백을 통해 업무 점검하기

- 정기적으로 가르치고 공유하고 점검하는 것에 시간 사용
- 팀원이 학습한 것을 실행하는 행동의 변화를 보일 때 인정·칭찬을 통해 자신감 올려주기

복불복 에이스에게는 지지를

볼 때마다 안타까운 마음을 갖게 되는 팀원이다. 터지면 대박, 안 터지면 쪽박이라 나는 '복불복 에이스'라고 말한다. 레벨을 초월하는 역량·경험을 가지고 있지만 과업, 목표, 동료와의 관계, 자신감 하락 등 몰입을 방해하는 요소로 인해 과업에 집중하지 못하는 팀원이다. 경험, 역량이 높지만 몰입을 하지 못하고, 성과가 낮은 인원들은 동기 요소를 찾는 것과 더불어 잘할 수 있는 일을 맡기는 것도 도움이 된다. 팀원의 이야기를 경청하고, 그들의 동기부여 요소를 찾아 그 수고에 대한 인정·지지, 문제 해결이나 의사결정 과정 참여, 본인이 하고자 하는 일을 할 수 있도록 기회 부여 등 지지가 필요하다. 하지만 기회를 여러 번 줄 수는 없다. 변화를 위해 주어진 시간 안에 행동의 변화가 따라오지 못하게 될 경우에는 그에 맞는 페널티를 부여해야 할 수도 있다.

팀장이 시간을 사용하는 방법
- 주기적인 면담과 관찰을 통해 떨어진 동기부여 요소가 무엇인지 확인, 팀장의 권한으로 해결할 수 있는 부분인지 검토

- 팀장이 할 수 없는 영역일 경우 인사팀과 경영자에게 도움 요청(학습, 부서 재배치, 직무 순환 등)
- 역량을 발휘하게 될 때 기대되는 모습과 긍정적 영향을 공유하며 지지
- 팀 동료들에게 부정적 에너지를 전파할 경우, 이에 대한 명확한 피드백과 함께 개선 사항 요청
- 지속적으로 행동의 개선이 나타나지 않을 때는 페널티 부여 가능(평가 등급 하향, 승진 대상자 제외, 직무/부서 재배치 등)

NBT에게는 지원과 지지를 함께

NBT는 'Non Business Type'의 약자로 본인의 과업을 수행할 역량이 없으면서, 과업을 제대로 수행하지 못한다고 판단되는 팀원이다. 즉, 조직에서 비즈니스를 하기에 적합하지 않다는 의미다. 과업에 대해 잘하고자 하는 의지도 없고, 배우려는 의지도 없다는 것을 깨닫는 데 그리 오래 걸리지도 않는다. 조직 안에서도 항상 같은 과업만 하고자 하며, 성장을 스스로 막아버리기도 하지만, 가장 부정적인 부분은 동료들에게 그런 부정적 에너지가 전파된다는 부분이다.

NBT 팀원에게는 다소 엄격한 통제, 명확한 원칙 및 마감 시한을 세밀하게 관리해주는 것이 개인의 성장을 위해서 중요하다. 특히 회사 안에서 뿐만이 아닌 개인의 삶에서의 목표를 찾고, 그 목표를 향해 동기부여 될 수 있도록 도울 수 있다면 좋다.

마지막으로 NBT 팀원에 대한 평가는 개인이 아닌, 팀 관점에서 진행을 해야 한다. 팀과 기업은 리소스가 정해져 있다. 특히 소수의 인원으로 구성된 팀일수록 한 명, 한 명의 손과 머리가 소중할 것이다. 그 속에 NBT 팀원이 아닌, 에이스 팀원이 있다면 우리 팀은 어떤 퍼포먼스를 낼까? 그리고 팀의 동료들은 에이스 동료와 함께 일하면서 얼마나 더 성장할 수 있을까? 이때 생각해야 할 문장은 단하나라고 생각한다. 넷플릭스의 '최고의 복지는 최고의 동료와 함께 일하는 것'이다. 변화할 수 있는 기회와 시간을 충분히 주었지만, 그럼에도 불구하고 변화가 없다면 인사팀과 다음 조치를 함께 논의하는 것이 좋을 수 있다.

팀장이 시간을 사용하는 방법

- 평가, 과업에 대해 구체적이고 명확히 설명한 후 정기적으로 짧게 피드백 미팅 진행

- 잘한 행동과 결과는 인정·칭찬하되, 개선되지 않거나 부족한 부분은 구체적으로 피드백

- 과업 수행에 필요한 역량, 스킬에 대해 훈련 및 교육 기회 제공

- 기한을 정해두고 변화가 없을 시 페널티 부여 가능

- 페널티 부여 가능(직무/부서 재배치, 필요시 권고 사직 등)

LEADER'S
PLAN

팀원의 의지와 역량에 대해 생각하며 아래 표에 정리해보자.

이름, 맡고 있는 과업 (하고자 하는 의지)	과업을 수행하는 데 필요한 해당 팀원의 역량 (지식, 경력, 경험, 스킬, 도구 등)	개선 및 학습이 필요한 역량

팀장이 알아야 하는 가치관, 성장 마인드셋

팀장이 팀을 이끄는 방식에 따라 그 팀과 팀원은 '마인드셋(Mind-Set)'이라는 특성을 갖는다. 말하지 않아도 팀 내에서 공유하는 공통의 마음가짐이다. 마인드셋은 크게 2가지로 구분된다. '성장 마인드셋'과 '고정 마인드셋'이다. 이 두 가지를 대변하는 문장이 있다. 그것은 바로 'Learn it all'과 'Know it all'이다.

'Learn it all'은 성장 마인드셋을 가진 팀과 개인이 보여주는 행동이다. 이는 자신의 강점과 약점을 통해 성장할 수 있다는 마음가짐을 뜻하며, 결과보다 과정과 과정을 통한 학습을 중요하게 생각한다. 학습 시간이 곧 성장으로 이어진다고 믿기 때문이다. 이들에게는 부족함과 실패도 성장이라는 저금통에 넣는 동전과 같다고 느낀다. 새로운 문제가 나타나거나 높은 목표가 설정되면 그것을 어떻게 해결할지 생각을 공유하면서 학습을 하고, 도전과 실패를 반복하며 성장한다.

반대로 'Know it all'의 고정 마인드셋은 성장 마인드셋과 달리 자신의 약점과 강점, 능력은 타고난 것이며 변하지 않는다고 생각한다. 고정 마인드셋을 가진 인원은 '나는 잘났어' 또는 '나는 아무것도 할 수 없어'라고 생각한다. 고정 마인드셋을 가진 조직은 자신의 역량에 대해 제대로 파악하지 못한다. 이들은 실제 모습에 비해 스스로를 너무 나약하다고 여기거나 너무 뛰어나다고 보기도 한다. 그러다 보니 자신의 부족한 점을 지적받으면 좌절하거나 납득하지 못하고 논쟁이나 싸움을 하기도 한다. 타고난 능력이 부족한데 어떻게 하냐고 자포자기하거나, 자신은 뛰어난데 환경이나 회사, 동료가 자신을 도와주지 못한 것이라고 실패의 원인을 외부에서 찾는다. 그러다 보니 고정 마인드셋을 가진 사람들은 자신이 뛰어난 사람으로 인정받는 것에만 집중한다.

마이크로소프트의 위기를 넘기게 한 '팀스피릿'

세계적 기업인 마이크로소프트도 마인드셋에 따른 변화를 경험했다. 2013년 전까지만 해도 마이크로소프트는 고정 마인드셋으로 뭉친 기업이었다고 한다. 이때 조직 간 이기주의와 경쟁이 만연했다. 또 시장의 변화에 적응하지 못하고 자신들이 잘하는 비즈니스만을 고집하는 실패하는 조직의 전형이 나타났다고 한다. 물론 피드백도 통하지 않았다.

이랬던 마이크로소프트는 사티아 나델라라는 CEO의 선임으로
확 바뀌었다. 그는 조직문화를 성장 마인드셋으로 바꾸는 데 집중
했다. 학벌과 경력은 좋지만 고정 마인드셋을 가진 리더를 모두 내
보내고, 성장 마인드셋을 갖춘 리더들로 팀을 구성하기 시작했다.
그렇게 변화를 만들었다. 이때 이들이 내건 슬로건은 '우리는 일등
이 아니다. 우리는 언제나 배우고 성장해야 한다'였다.

그래서 마이크로소프트 인재상에는 '커뮤니티 리더'라는 역할이
있다. 커뮤니티 리더는 자신의 지식과 경험을 공유하며 동료들이
성장할 수 있도록 돕는 사람이다. 이들이 자신의 것을 공유할 수 있
는 이유는 성장 마인드셋이 이들의 태도에 내재되어 있기 때문이
다. 내 지식을 동료에게 알려주면 경쟁자에게 자신의 것을 빼앗긴
다고 생각하는 고정 마인드셋과 달리, 동료에게 알려주면 조직과
내가 동시에 발전할 수 있다고 생각하는 성장 마인드셋의 차이가
여기에 있다.

팀에서 도와달라는 요청이 부끄럽지 않은 이유

성장 마인드셋을 가진 팀원들은 어려움이 있으면 서로에게 거리
낌 없이 도움을 요청한다. 다른 분야의 역량이 뛰어난 동료들의 도
움은 스스로를 성장시키는 계기가 되기 때문이다. 동료들이 서로를
통해 배우고 성장하기에 내부에서 서로의 성장과 성공을 돕는 선

순환이 일어난다.

팀 안에서는 동료들이 서로의 경험과 지식을 주고받는 것이 중요하다. 일하면서 놓친 점, 새롭게 떠오른 좋은 아이디어, 위험 요소 등도 자유롭게 공유하기도 하고, 솔직한 피드백을 주고받기도 한다. 서로의 피드백과 리스크를 공유하며 토론하는 문화는 각자가 생각하지 못한 관점을 알려주기에 조직 운영에 유용하다.

반대로 고정 마인드셋을 가진 조직의 구성원은 자신에 대한 평가가 중요하다. 다른 구성원이 나보다 더 높은 평가를 받는 것을 두려워해 나의 지식과 경험도 공유하지 않는다. 자연스럽게 우리보다 '나'를 중심으로 행동한다. 그래야만 자신의 가치를 높이고 인정받을 수 있다고 생각하기 때문이다.

모르는 점이 있으면 몰래 외부에서 찾는다. 구성원에게 도움을 요청하는 건 자신의 약점을 공개하는 일이라고 생각해서 그렇다. 토론과 논쟁을 하기보다 설득하는 걸 중요하게 여긴다. 내 아이디어나 의견이 반영되지 않으면 나는 진 것이고, 상대가 나보다 더 뛰어난 것이라고 비교하는 데 급급하다.

당연히 다른 동료의 일에는 관심을 두지 않는다. 자신이 맡은 일 외에는 시간을 낭비한다고 생각하고, 실패를 두려워해서 기존 방식을 바꾸는 것도 싫어한다. 새로운 도전은 당연히 일어나지 않는다. 당신과 당신의 팀원은 지금 어떤 마인드셋으로 일하고 있는가?

성장 마인드셋을 팀 문화로 구축하려면

성장 마인드셋을 가진 팀이 성공하는 것을 분명하다. 그렇다면 성장 마인드셋을 가진 팀을 만들기 위해서는 어떻게 해야 할까? 가장 중요한 것은 팀장의 행동이다. 즉, 팀장이 성장 마인드셋의 행동과 고정 마인드셋의 행동에 대해 어떻게 반응하느냐가 중요하다는 의미다. 이를 위해서 3가지 단계로 환경을 만들어가기를 추천한다.

1단계: 성장 마인드셋에 대한 이해

우선 성장 마인드셋과 고정 마인드셋이 무엇인지, 왜 우리가 이런 마인드에 집중해야 하는지를 모든 팀원들이 함께 이야기하는 시간이 필요하다. 아무리 좋은 것이라도 팀장 혼자만 알고 있게 된다면 팀원들은 팀장의 행동을 오해할 수밖에 없기 때문이다. 현실적인 방법으로는 《마인드셋》이라는 책을 함께 읽고 토론을 하며 나는 어떻게 행동을 하고 있었는지, 우리 팀의 현재 모습은 어떤지에 대해서 솔직하게 이야기하는 것이다.

가장 먼저 발표를 했으면 하는 분은 바로 팀장이다. 자신이 부족했던 모습과 잘 몰랐던 부분, 고정 마인드셋으로 팀원들에게 피드백했던 모습들을 솔직하게 이야기해본다면 조금은 마음을 열 수 있을 것이다.

2단계: 팀 규칙 정하기

성장 마인드셋과 관련하여 팀에서 꼭 지켰으면 하는 원칙을 세워보는 것이다. 처음부터 룰을 만들기보다는 포스트잇이나 무기명으로 아이디어나 불편했던 내용들을 제안할 수 있는 시간을 가지며 최대한 많은 아이디어를 꺼내보고, 2~3가지 중요하다고 동의하는 규칙을 정하는 것이다. 예를 들어 다음과 같은 규칙이 있다.

- 한 달에 한 번 1시간, 피드백 미팅을 통해 자신의 부족했던 과업과 실패 사례를 공유하며 학습하는 시간 갖기
- 과업을 수행하다가 모르거나 어려운 부분은 잘 아는 동료에게 물어보기, 그리고 도움을 요청받은 동료는 자신의 리소스가 허락하는 한 그의 성장을 위해 시간을 사용하기
- 누구에게든 다른 관점에서의 생각이나 의견·이견을 낼 수 있고, 그 의견에 대해 토론하고, 뒤끝 없기

규칙을 정할 때 가장 중요한 부분은 바로 팀장도 포함되어야 한다는 점이다. 위에서 정한 3가지 규칙을 누가 가장 어려워할까? 아마 팀장이지 않을까? 팀장이 규칙을 잘 지키면 모든 팀원들에게 성장 마인드셋이 확산된다는 것을 꼭 기억하자.

3단계: 긍정적 영향 전달하기

마지막 단계는 성장 마인드셋의 행동을 지키고, 실천하는 동료들

에게 긍정적인 표현을 하는 것이다. 인정과 칭찬일 수도 있고, 감사 인사일 수도 있다. 그리고 이를 통해 성장하거나 성공하거나, 배움의 시간이 되었다면 이 또한 표현을 적극적으로 해줘야 한다. 이때 팀 안에서의 표현과 함께 회사로의 확산, 또는 SNS 등을 이용해 공개적으로 감사한 마음을 전해보는 것도 좋은 방법이다.

성장 마인드셋과 고정 마인드셋의 비교

성장 마인드셋	고정 마인드셋
모르는 것이 생기면 내부의 뛰어난 동료에게 도움을 요청한다.	모르는 게 생기면 부족함을 들키지 않으려 조직 내부가 아닌 외부에서 알아본다.
자신이 가진 지식과 경험을 구성원에게 아낌없이 나눠준다.	각 개인의 평가와 명성이 중요하므로 조직보다 개인 중심으로 행동한다.
놓치고 있거나 중요한 점을 팀원 및 협업해야 할 다른 팀에도 거리낌 없이 이야기한다.	내 일이 아니면 관심을 두지 않는다.
어디서나 토론을 즐기며 다른 사람의 의견을 듣는다.	자기 의견을 설득하는 것만 중요하게 생각한다.
실수와 실패를 인정하고, 개선점을 찾는다.	실수와 실패는 용납할 수 없기에 드러나지 않게 감춘다.
도전적이고, 새롭고 어려운 목표에 도전한다(성장이 중요하다).	할 수 있는 목표, 가능한 목표에 도전한다(달성률이 중요하다).

성장 마인드셋과 고정 마인드셋은 인간 누구나가 가지고 있다고 생각한다. 그런데 선택의 순간에 성장을 선택하느냐, 고정을 선택

하느냐에 따라 행동이 달라지는 것이다. 나 또한 매일매일 성장 마인드셋과 고정 마인드셋 사이에서 선택을 하며 보내고 있다. 어떤 날은 '시간이 없어. 바빠, 지금 하던 방식이 좋아'라며 나 스스로에게 변명을 하기도 하지만, '그래도 한번 해보자. 다른 방식으로 해야 해'라며 스스로에게 변화를 주문하기도 한다.

팀장과 팀원 모두 동일한 마음일 것이다. 잘하고 싶은 모습을 보여주고 싶어서 부족함이 드러나지 않게 하려는 마음 말이다. 무조건 성장 마인드셋으로 생각하고 행동하자는 것은 아니다. 그건 나도 절대 하지 못하는 영역이다. 대신 어제보다 오늘, 지난번보다 조금 더 성장 마인드셋으로 생각하고 행동하려고 노력해보는 것은 어떨까? 그렇게 팀장은 팀원들이 조금 더 자주, 조금 더 많이 성장 마인드셋의 행동을 꺼내 쓸 수 있도록 팀의 문화를 만들어가야 한다. 어렵게 생각하기보다는 작은 것이라도 변화를 주며 실천해보는 것은 어떨까?

LEADER'S
PLAN

3장을 읽은 후, 아래 질문에 답해보자.

Q. 3장에서 기억에 남는 문장은 무엇인가?

Q. 그 문장이 기억에 남는 이유는 무엇인가?

Q. 실제로 적용할 수 있는 구체적인 Action Plan은 무엇인가?

"회사가 원하는 것은 일하는 실력을 늘리라는 것이지,
일하는 시간을 늘리라는 것이 아니다."

– 권오현(삼성전자 前 회장) –

4장

팀원을
성장으로 이끄는
팀장의 말센스

수평적 조직문화를 만드는
팀장의 대화법

최근 수평적 조직문화를 지향하기 위해 기업에서 직급 대신 '님'으로 호칭을 한다는 기사를 많이 보게 된다. S전자, L월드, S카드, K제약 등 스타트업의 전유물이라 여겨졌던 직급 파괴, 호칭 파괴가 이제 대기업으로 확산되기 시작한 것이다. 이들 기업들이 직급과 호칭을 파괴하고, '님'이라는 호칭으로 부르려고 하는 이유는 무엇일까?

그 이유는 바로 수평적 조직문화가 중요해졌기 때문이다. 그렇다면 수평적 조직문화는 무엇일까? 일반적으로는 모두가 평등한, 아니 동등한 조직이라고 이야기하지만, 내가 생각하는 수평적 조직문화란 '직급과 직책에 상관없이 실력으로 일하는 조직문화'다. 이를 조금 더 풀어서 설명한다면 '경력, 나이, 직급과 직책에 상관없이 모든 구성원은 각자 다른 생각, 다른 의견을 가지고 자유롭게 표현할 수 있고, 이를 바탕으로 조직 내에서도 동등한 인격체로 서로를 존중하고 존중받는 문화'라고 이야기할 수 있다.

그런데 제대로 된 수평적 조직문화를 가진 기업에서 오히려 리더에게 더 강력한 의사결정권을 부여하고 있기도 하다. '님'이라고 호칭을 하는데, 리더에게 더 강력한 리더십을 준다는 것이 조금 이상하게 받아들여지기도 할 것이다. 이는 이렇게 이해해보면 어떨까? 제대로 된 수평적 조직의 리더에게는 이미 팀원의 의견을 경청하고, 존중하며 대화하는 마인드와 태도가 갖춰져 있기 때문이다. 이 관점에서 많은 스타트업에서는 이 수평적 조직문화에 대해 고민하고, 자신들만의 철학을 바탕으로 적용점들을 찾아가고 있다. '님' 호칭을 넘어서 '반말'로 소통하는 조직이 있기도 하고, '님' 호칭 대신 영어 이름으로 부르며 대화할 때 직급과 직책이 주는 장벽을 넘으려 하고 있기도 하다.

수평적 조직문화를 갖춘 조직이란

그렇다면 수평적 조직문화는 어떻게 해야 갖출 수 있을까? 제대로 된 수평적 조직문화를 갖춘 조직은 이런 특징들을 가지고 있다. 첫째, 자율과 신뢰가 보장되어 있다. 이 자율과 신뢰는 직원 개개인이 자신의 강점과 역량을 잘 사용할 거라는 믿음이 깔려 있는 것이다. 직원들에게 자신의 업무와 근무시간에 자율권을 최대한 보장하기 때문에 직원들은 리더와 회사로부터 직접적인 신뢰를 받는다고 믿게 되고, 내가 어떤 이야기든 할 수 있고 어떤 일을 할 것인지를 자유롭게 결정할 수 있다는 의미다.

이런 자율과 신뢰는 둘째, 조직의 미션이 중심에 들어와 있다. 즉, 구성원들은 무조건적으로 자신이 하고 싶은 것을 하는 것이 아니라, 회사와 팀의 미션과 합치된 범위 안에서 '회사와 팀에 이익이 되는' 행동을 한다는 의미다. 이때 팀장의 역할은 바로 회사와 팀, 팀과 개인의 미션을 합치시키는 것이라고 보면 된다.

셋째, 개인의 성장과 연결되어 있다. 팀원이 미션을 수행할 때 회사와 팀에만 이득이 되고, 정작 자신은 정체되고 있다고 느끼게 된다면 어떻게 될까? 자율과 신뢰를 바탕으로 동기부여 되어 팀을 위한 과업을 수행하는 것이 아닌 자신을 위한 일을 하려고 하지 않을까? 그렇기에 성장을 위해 개인의 비전과 과업을 합치시켜주는 것이 필요하다.

전 직장에서 코치로 활동할 때 한 매니저가 이런 이야기를 한 적이 있었다. "저 매니저 하고 싶지 않아요. 매니저를 하면 실무를 하지 못하고, 그렇게 되면 내가 성장하지 못하게 될 것 같아요."

그와 대화를 나누며 나는 이렇게 이야기했다.

"맞아요. 매니저를 하면 아마 마케팅 실무를 거의 하지 못하게 될 거예요. 지금은 초기이고, 인원이 적어서 실무를 하고 있지만, 그래서 더 힘들겠죠. 팀의 규모가 커지게 되면 아마 매니징을 하고, 팀을 성장시키는 것에만 시간을 써도 부족할지 몰라요. 그런데 혹시

3년, 5년 후에도 마케팅 실무를 계속 하고 싶으신 거예요?"

서로의 생각을 주고받고 대화를 나누며 결론 내린 부분은 '3년 후에는 나의 사업을 하고 싶고, 그렇게 되기 위해서는 지금부터라도 사람을 리딩해볼 수 있는 리더의 역할을 배우는 것이 좋겠다'였다. 즉, 개인의 미래 비전과 현재의 과업이 합치된 것이다.

넷째, 서로 간에 솔직한 피드백이 가능한 조직문화가 갖춰져 있다. 수평적 조직문화를 이야기할 때 다들 '편안한 조직, 서로를 위하는 조직'이라고 오해하는 경우가 많이 있다. 그런데 수평적 조직에 대한 환상을 깨야 하는 부분은 바로 '수평적 조직은 내가 하고 싶은 이야기를 누구에게든지 할 수 있는 조직'이어야 한다는 것이다. 내가 하고 싶은 이야기는 인정하고 칭찬하고 동의하는 긍정의 언어도 있지만, 상대방의 생각과는 다른 의견일 수도 있고, 전혀 반대의 의견일 수도 있고, 듣기 거북한 실패의 이야기일 수도 있다. 이런 의견을 솔직하게 나눌 수 있는가? 이런 의견에 상처를 덜 받으면서 조금 더 나은 대안을 찾아갈 수 있는지가 중요하다.

대부분의 스타트업도 이 문제를 오랜 시간 고민한다. 특히 초기에 친한 친구들끼리 모여서 스스럼없이 이야기하던 친밀한 관계에서는 전혀 문제가 없다. 별의별 이야기를 다 하기 때문이다. 그런데 새로운 맴버들이 들어오고, 다양한 관점의 사람이 모여들면서 상대방의 다른 의견과 반대 의견을 거부하기 시작하게 된다. 초기 맴버들은 "우리는 원래 이렇게 일했고, 이렇게 성장했어"라고 이야기하고, 경력직으로 입사한 직원들은 "어떻게 이렇게 엉망으로 일할 수가 있어? 이 일은 이렇게 하는 게 아냐"라고 자신의 생각을 주장하면서 서서히 멀어지게 된다.

그럼 팀장은 어떻게 행동해야 할까? 팀원의 반대 의견이나 다른 의견에 귀를 기울이고, 만약 팀원의 의견이 맞다면 자신의 생각을 접을 수도 있어야 한다는 것이 솔직한 피드백에 해당한다. 그리고 더욱 중요한 것은 팀원들 간의 대화에서도 솔직한 피드백을 주고받을 수 있는 구조를 만들어야 한다는 것이다. 팀에 솔직한 피드백을 거부하는 1명이 있게 된다면 많은 구성원들은 그 1명을 따라가게 된다.

마지막으로 투명하게 정보가 공유되어야 한다. 투명한 정보 공유는 사내에서 팀원들이 의사결정을 하기 위한 정보에 한해서 보안을 해치지 않는 선에서 모두 공개해야 한다는 의미다. 구체적인 사례로 2020년 초 어떤 기업들의 물류창고에서 코로나 확진자가 발생한 적이 있었다. 한 기업은 꽤 오랜 시간 동안 기사에 그 이슈가 오르내리며 논란이 이어졌지만 다른 한 기업은 최초 확진자 기사가 나간 이후로는 기사가 거의 없었다.

그런데 이후 조치에 대해 살펴보니 조금 다른 결과의 이유를 알 수 있었다. 기사가 많이 났던 기업은 구성원들에게조차 조치 사항과 사건의 주요 세부 내용에 대한 충분한 소통이 되지 않아 답답해하는 반면, 다른 기업은 슬랙이라는 채널을 통해 실시간으로 사건 개요, 의사소통 및 조치 사항을 피드백해줘서 주요 정보들을 습득하고 있었다. 하나의 예시지만 이처럼 직원들이 수평적 조직에서 주도적으로 일할 수 있도록 하기 위해서는 투명한 정보 공유가 가장 중요한 영역이다. 일부 기업에서 수평적 조직을 주도적인 과업 수행이 아닌, 호칭과 관계의 수평으로만 접근하는 이유는 팀원 개개인이 과업을 수행할 때 필요로 하는 정보들이 투명하게 공유되고 있지 않기 때문이다. 팀 또는 다른 팀에서 진행됐던 비슷한 프로젝트의 사례, 고객 피드백 자료, 회사의 주요 숫자에 대한 정보, 경영진과 리더들의 방향성을 담은 회의나 내부 전략, 주요 의사결정의 기준 등이 이런 정보에 해당한다.

나는 스타트업과 일반 기업들의 가장 큰 차이를 이런 정보 공유와 접근성에서 비교하곤 한다. 위에서 언급한 정보 이외에도 실제 주요 리더들의 회의 내용이 바로 팀원들에게 모두 공유되고, 전사 직원들이 모인 타운홀 미팅에서 성공했거나 실패한 프로젝트에 대해 구체적으로 설명하고, 타 부서의 정보나 일하는 방식과 사례 등의 정보가 팀원 개개인이 주도적으로 일할 수 있는 힘이 되기 때문이다.

수평적 조직문화를 위한 팀장의 대화법

그렇다면 팀장의 대화는 어떠해야 할까? 결론부터 이야기하자면 과거 정보화 이전 시대에는 경영진의 방향을 해석해 팀원들에게 잘 전달하는 팀장이 소통을 잘하는 팀장이었지만, 지금은 그건 기본이다. 추가로 새롭게 팀원들 개개인에 맞춰서 소통이 아닌 대화를 통해 쌍방향 소통을 잘하는 팀장이 되어야 한다고 말하고 싶다. 즉, 대화를 잘하는 팀장의 목적은 크게는 조직의 미션을 완수하는 것이지만, 그 이유는 '팀원의 성장과 성공을 위한다'는 것을 꼭 기억해야 한다. 이때 필요한 대화 스킬이 바로 다음의 4가지다.

① 경청: 팀장이 판단하는 것이 아니라, 마음을 열고 팀원의 생각과 이야기에 언어적·비언어적으로 경청하기

② 질문: 팀원의 잠재력을 끌어내기 위해 평가자가 아닌 학습자 관점에서 질문하기

③ 인정: 팀원의 동기부여를 위해 잘하고 있는 행동을 찾아서 인정·칭찬하기

④ 피드백: 팀원의 성장을 위해 부족하거나 개선할 점을 피드백해주기

말로는 쉬워 보이지만 이 4가지를 체득하는 데 나는 5년 정도 걸렸다. 아니, 10년이 지난 지금도 매일 배우고, 연습하고 있는 중이라고 할까? 중요한 점은 초점을 팀원에게 두는 것이다. 과거의 나는 '나' 중심으로 생각하고 행동하는 사람이었다. 예를 들면 내가 궁금한 걸 해결하기 위해 질문하고, 내 관점에서 잘했다고 생각하는 것들만 인정하고 칭찬했었다. 팀원의 행동을 교정하는 피드백도 내가 부족했다고 생각하는 것들을 중심으로 진행했었다. 하지만 지금은 '너' 중심으로 생각하고, 행동하려고 노력한다. 내 앞에 있는 팀원의 관점에서 그들의 말과 행동을 경청하고, 팀원이 생각하지 못한 다른 관점을 스스로 생각하고 깨닫게 해주기 위해 질문을 하

려고 한다.

 팀장 또한 팀원의 행동 중 지난번과 달라진 좋은 모습들을 찾아서 인정과 칭찬을 해주고, 그가 성장하기 위해 달라져야 하는 개선점을 피드백해줘야 한다. 이때 목표는 상대의 성장과 성공이다. 그래서 코칭이 어렵다. '나'가 아닌 '너'의 관점으로 바꾸는 데 시간이 걸리기 때문이다.

팀원의 마음을 얻는
경청

팀장의 대화는 먼저 경청으로 시작한다. 경청은 충분한 대화를 하기 위한 밑바탕이 되는 기술이다. 이를 3가지 관점에서 구분할 수 있다. 대화 전의 경청, 대화 중의 경청 그리고 대화 후의 경청으로 말이다.

대화 전 경청

대화 전 경청의 목적은 한 가지다. 팀원의 상황을 이해하고, 어떤 생각을 하고 있을지에 대해 집중하기 위한 준비를 하는 것이다. 대화 전의 경청을 준비하게 되면 팀원은 '나의 말을 들어줄 준비가 되어 있는 팀장'이라고 느끼게 된다. 비언어적 경청인 'Stop, Twist,

Look, Smile'의 목적은 상대에게 집중할 준비가 되어 있다는 점을 알려주는 것이다. 이를 구체적인 행동으로 정리하면 다음과 같다.

비언어적 경청(대화 전 취해야 할 자세)

Stop	**대화 전에 하던 일을 멈추고, 상대에게 온전히 시간을 내어주기** • 노트북을 닫고 일을 하지 않는다. • 휴대폰을 덮어두거나, 다른 곳에 둔다. • 시계를 보지 않고, 주위를 두리번거리지 않는다.
Twist	**나의 몸을 상대방을 향하도록 돌려서 집중하는 모습을 보여주기** • 몸의 방향을 온전히 상대방에게 돌려 본다. • 팔짱 끼기, 다리 꼬기, 턱을 괴는 등 X자 표시가 최대한 없도록 한다.
Look	**상대의 눈을 바라보고, 모든 신경을 상대에게 쏟기** • 항상은 아니더라도, 잠시 눈을 마주쳐준다. • 눈을 보는 게 어색하다면, 자주 얼굴 주변을 바라봐준다.
Smile	**긍정적인 분위기를 줄 수 있는 편안한 표정을 짓기** • 눈을 보며 편안하게 웃어주는 것이 포인트다. • 즐겁고 행복한 이야기를 할 때는 자신의 감정을 억누르지 말고, 표현해준다.

만약 팀원과 대화를 하기 전에 팀장이 열심히 보고 있던 노트북을 덮고, 확인하던 휴대폰을 뒤집어 놓고, 상대를 향해 몸을 돌리고, 웃으며 "자, 어떤 도움이 필요해서 미팅을 요청했는지 궁금한데 이야기 좀 해줄래요?"라고 말한다면 어떨까? 보통의 팀장들은 바쁘게 일하는 것 같아 말을 걸기도 미안하고, 대화를 하는 중에도 노트북과 휴대폰에서 시선을 떼지 못하는데 말이다. '나는 이제 당신과의 대화에 집중할 준비를 끝냈어요'라는 메시지는 바로 대화를 하

기 전 팀장의 행동에서 나타난다.

대화 중 경청

두 번째는 대화 중의 경청이다. 이때에도 앞서 말한 비언어적 경청인 'Stop, Twist, Look, Smile'은 그대로 이어진다. 그리고 언어적 경청이 함께 따라온다. 언어적 경청은 쉽게 말해서 나와 이야기하고 있는 팀원의 말을 듣고, 말로 반응하는 것이다.

언어적 경청(대화 중 취해야 할 자세)

격려하기	상대방이 말을 계속하도록 동의하고 맞장구치기 • "OO님 말이 맞아요." "그래서 어떻게 하셨어요?" "흥미진진한데요?" • "너무 잘하셨어요." "대단한데요?" "오~"
되돌리기	바꾸어 말하기라고도 하며, 상대방이 한 말을 다른 방식으로 표현 • 추임새 : "정말?" "진짜?" "대박" • "제가 제대로 이해했는지 모르겠는데요. 혹시 OOO이라는 말인가요?"
확인하기	상대방이 말하는 사실을 제대로 이해하고 있음을 표현하거나 모호한 의미의 내용을 명확하게 하기 • "지금 OO님이 말한 의미는 OOO이라는 의미인 거죠?" "OO했다는 거죠?" • "다른 말로 바꾸면 OOO이겠네요?"
요약하기	상대방의 긴 말을 핵심 2~3문장으로 요약해서 말하기 • "지금 이야기를 요약하자면 OOO이라고 할 수 있겠네요?"
반영하기	상대방이 전달하고자 하는 감정, 느낌, 상황을 이해했음을 표현 • "나 어제 야근하느라 너무 힘들었어요." → "늦게까지 일하고, 잠도 잘 못 잤을 텐데, 정말 힘들었겠어요."

대화를 하는 내내 조용히 듣고만 있는 팀장과 나의 말에 반응을 해주는 팀장을 비교해보자. "와, 그랬어요? 정말요? 대단하네요. 그때 힘들었겠는데요? 좀 전에 이야기한 부분을 조금 더 구체적으로 이야기해줄래요?"라며 적극적으로 리액션을 해주는 팀장과 대화할 때면 축구의 티키타카와 같은 모습이 나온다. 이처럼 대화 중의 언어적 경청은 팀원에게 '나 지금 당신의 말에 귀 기울이고 있어. 그러니 더 이야기해도 돼'라는 메시지를 전해주고 있는 것이다.

대화 후 경청

마지막 단계인 대화 후의 경청을 살펴보자. 팀장이 경청을 하며 팀원과의 대화에 집중했는데, 만약 대화 이후에 팀장의 행동에 변화가 없다면 팀원의 생각은 어떨까? '어제 팀장이랑 미팅을 할 때 곧 자료를 피드백해준다고 하셨는데, 오늘도 안 주시는 걸 보니 잊으셨나 보다. 어제 미팅은 괜히 했네'라는 생각을 하지 않을까? 그래서 대화 후의 경청은 'Follow up 행동'이라고 이야기한다.

이처럼 내 앞에 앉은 팀원에게 온전히 집중하는 모습을 보이는 경청의 자세는 팀원에게 신뢰와 심리적 안전감을 준다. 그리고 경청을 받은 팀원은 자주 팀장과 자신의 생각과 의견을 이야기하기 시작하고, 이를 통해 2레벨 이상의 리더십을 갖게 되는 것이다.

팀원의 잠재력을 향상시키는 질문

적극적인 경청은 곧 질문으로 표현된다. 그렇기에 경청을 잘하고 나면 항상 궁금해지는 건 '질문은 어떻게 해야 할까?'다. 질문을 고민할 때 꼭 기억해야 할 것은 팀원의 답변을 판단하는 평가자의 입장이 아닌, 팀원의 다양한 생각과 관점들을 경청하며 호기심의 관점에서 질문해야 한다는 점이다.

만약 팀장이 평가자의 입장에서 질문을 하면 어떻게 될까? 아마 팀장은 팀원과의 대화 속에서 이런 이야기를 많이 할지도 모른다. "아니, 내 말 이해 못했어? 그게 지금 말이 된다고 생각해? 그게 맞아?"라는 질문이 자주 나올 것이다. 이런 질문을 받으면 팀원은 바로 자신이 잘못한 것을 찾으려고 한다. 생각이 팀장의 판단 안으로 닫혀버리게 된다는 의미다. 그런데 팀장이 호기심의 관점에서 질문을 하면 팀원은 이런 생각을 하게 된다. '팀장님은 왜 그렇게 생각했을까? 나와 다른 것을 생각하는 이유는 뭘까? 만약 팀장님의 의견대로 진행되면 뭐가 달라질까?'라고 말이다.

그런데 팀장이 질문을 잘 못하겠다고 생각하는 것에 두려워할 필요는 없다. 그건 팀장의 잘못이 아닌, 우리가 어릴 적부터 학습해온 교육의 잘못이니까. 우리는 지금까지 정답을 찾는 공부를 했다. 시험을 보고, 정답을 찾아 성적과 등수로 순위를 매기는 공부를 해왔다. 한때 '질문이 사라진 학교' '질문이 사라진 사회, 대학에서도 질문하지 않는다' '지식은 많지만 질문이 없는 사회' '토론이 사라진 대학' 등의 기사들이 넘쳐났던 이유도 바로 여기에 있다. 정답이라고 생각하는 것만 질문할 수 있고, '이게 맞나?'라는 생각이 들면 바로 입을 닫아버리는 학습을 해온 것이다.

그런데 이렇게 질문을 하지도 못하고, 질문을 받는 상황을 불편하게 여기는 사회에서 많은 문제들이 발생하기 시작했다. 그것은 바로 다양한 관점을 공유하고, 공유 받으면서 나와 팀의 생각이 확장되는 것이 중단된 것이다. 기존 생각대로, 정해진 방법대로만 의사결정하고 일을 진행하게 되는 현상이 일반적인 것이 되었다는 의미다. 틀에 박힌 생각으로는 성장이 쉽지 않다. 좋은 질문이 필요한 이유다.

그럼 좋은 질문을 받게 되면 어떤 현상이 나타날까? 다음의 그림처럼 우리는 어떤 질문을 받게 되면, 기존의 나와는 '다른 생각'을 하게 된다. 작은 원, 즉 내가 가지고 있는 경험과 지식 안에서의 생각이 아닌 다른 생각들을 하게 되는 것이다. 특히 지금까지 사고하

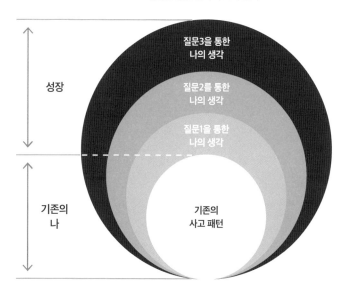

던 패턴과는 다른 방식으로 핵심을 통찰하게 만드는 질문을 받았을 때 이러한 경험이 일어나고, 이를 통해 우리는 생각의 성장을 경험한다. 그리고 생각이 성장하는 만큼 나의 행동도 달라진다. 그래서 나는 질문을 사람을 성장시키는 힘이라고 표현하기도 한다.

그럼 어떻게 질문을 해야 할까? 팀장이 사용하면 좋은 질문 방식을 더 알아보자.

오픈형 질문으로 생각의 폭을 넓혀라

팀장은 '예, 아니요'처럼 생각을 막는 단답형 질문이 아닌, 팀원의 생각을 유도하고, 자신의 의견을 서술형으로 이야기할 수 있는 질문을 해야 한다. 이때에는 팀장의 판단이 포함된 유도질문보다 팀원의 다양한 아이디어를 이끌어내는 중립적 질문이 낫다.

만약 팀장이 '난 아닌 것 같은데, 지금 제안한 방법이 맞다고 생각해요?'라는 질문을 했다면 이미 팀장이 아니라고 평가를 내렸기 때문에 팀원은 반대 의견을 솔직하게 이야기할 수 없다. 이때는 아래와 같이 질문을 해보면 팀원은 자신의 솔직한 의견을 확장해서 이야기할 수 있다.

오픈형 질문 예시

① 그렇게 생각한 이유에 대해 설명해주겠어요?

② 안 되는 근거는 무엇인가요?

③ 혹시 성공했다는 결과가 나오려면 무엇이 필요할까요?

④ 장점과 단점을 각각 이야기한다면 뭐가 있을까요?

⑤ 대안은 무엇이 있을까요? → 다른 대안은 뭐가 있을까요? → 또 다른 대안이 있다면요?(반복 질문)

⑥ 지금 당장 해야 하는 가장 중요한 일은 무엇인가요?

Why 질문과 How 질문

Why와 How로 시작하는 질문은 목적을 다르게 사용하면 된다. 먼저 Why 질문은 과거 시점에서 이유와 원인을 찾는 질문이다. '왜 목표를 달성하지 못했나요?' '왜 그렇게 진행했었나요?'와 같이 말이다. 반면 How 질문은 미래의 목표를 달성하기 위해 대안을 찾는 질문이다. '어떻게 하면 그 목표를 달성할 수 있을까?' '그 일을 다시 할 수 있는 기회가 생긴다면 어떻게 해볼 수 있을까?' 등이 있다.

Why와 How 질문은 따로 사용하기보다는 이어서 사용하는 것이 더 좋다. Why 질문을 통해서 이유와 원인을 찾고, 이어서 How 질문을 통해 미래 행동 변화를 할 수 있는 대안을 찾는 것이다. '왜 목표에 미달했을까? 만약 다음 달에 그 목표를 다시 도전한다면 어떻게 하면 될까?'처럼 말이다. 이 점을 유념하면서 Why와 How를 본격적으로 사용하는 방법을 알아보자.

5WHY 반복 질문법

우리는 문제의 끝을 들여다보지 않고 겉으로 드러나는 현상만을 보는 경향이 있다. "이게 문제야. 이걸 해결하면 목표를 달성할 수 있을 거야"라고 생각을 끝내는 것이다. 만약 그렇게 드러난 현상과 현상을 통해 찾은 문제를 해결하면 우리가 기대하는 목표가 달성될까? 아니다. 조금 좋아질 수는 있지만, 그 문제가 완전히 해결되거나 목표를 달성할 수는 없다. 현상은 해결했을지라도, 숨어 있는 진짜 문제들이 아직 해결되지 않았기 때문이다. 우리가 근본적인 문제까지 파고들어야 하는 이유다. 근본 문제를 'Root Cause'라고 부르는데, 이걸 찾는 방법을 '5WHY'라는 도구로 설명해보겠다.

자주 만날 수 있는 프로젝트 사례로, 최근 매출액 성장이 정체해

도약이 필요한 의류업체의 이야기를 들어보자. 먼저 눈에 보이는 문제는 의류업체 매출 성장률에 정체가 왔다는 것이다. 이를 1차원적으로 풀면, '매출을 끌어 올리자'는 결론이 나온다. 만약 여기서 끝나면 구체적으로 어떤 행동을 바꿔야 할지 알 수가 없다. 여기서부터 Why 질문을 던져야 한다.

① 1WHY: 왜 매출이 정체되었을까?

문제에 대한 질문을 던지고 가능한 한 여러 이유를 찾아야 한다. 이 사례의 경우 다양한 이유 중 팀원들과 함께 '히트 상품'이 없다는 걸 가장 중요한 원인으로 지목했다.

② 2WHY: 왜 히트 상품이 부족할까?

이 역시 여러 문제가 있을 것이다. 그중 새로운 히트 상품은 계속 실패했고, 기존 히트 상품만 관리했다는 문제가 나왔다.

③ 3WHY: 왜 새로운 히트 상품이 없을까?

신상품을 개발해야 할 MD가 혼자 고민하다 보니 고객이 좋아할 대중적인, 또 창의적인 상품을 만드는 데 한계가 있다는 걸 발견했다. 만약 이 단계에서 고민을 끝내면 'MD 2~3명을 팀으로 묶어 일하게 하자'로 마무리될 것이다. 여기서 한 번 더 고민을 해보자.

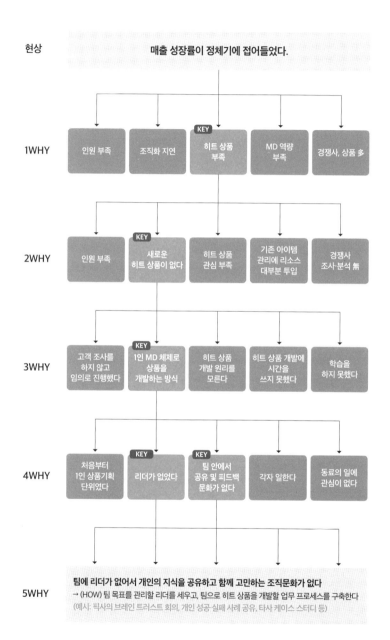

현상 매출 성장률이 정체기에 접어들었다.

1WHY
- 인원 부족
- 조직화 지연
- KEY 히트 상품 부족
- MD 역량 부족
- 경쟁사, 상품 多

2WHY
- 인원 부족
- KEY 새로운 히트 상품이 없다
- 히트 상품 관심 부족
- 기존 아이템 관리에 리소스 대부분 투입
- 경쟁사 조사·분석 無

3WHY
- 고객 조사를 하지 않고 임의로 진행했다
- KEY 1인 MD 체제로 상품을 개발하는 방식
- 히트 상품 개발 원리를 모른다
- 히트 상품 개발에 시간을 쓰지 못했다
- 학습을 하지 못했다

4WHY
- 처음부터 1인 상품기획 단위였다
- KEY 리더가 없었다
- KEY 팀 안에서 공유 및 피드백 문화가 없다
- 각자 일한다
- 동료의 일에 관심이 없다

5WHY
팀에 리더가 없어서 개인의 지식을 공유하고 함께 고민하는 조직문화가 없다
→ (HOW) 팀 목표를 관리할 리더를 세우고, 팀으로 히트 상품을 개발할 업무 프로세스를 구축한다
(예시: 픽사의 브레인 트러스트 회의, 개인 성공·실패 사례 공유, 타사 케이스 스터디 등)

④ 4WHY: 왜 조직에 MD가 여러 명 있는 데도 혼자서 상품을 만들까?

MD들이 자신의 지식과 경험을 서로 공유하지 않고 있다는 문제를 발견했다. 상품의 진행 과정도 공유하지 않아 다른 팀 동료가 상품이 어떻게 진행되고 있는지를 완성된 뒤에야 알았다. 고민 끝에 팀원들은 소통을 하면서 지식을 공유하고, 조직 전체의 성장을 이끌 리더를 세우지 않았다는 것을 깨달았다.

⑤ 5WHY: 왜 리더가 없었을까?

결론적으로 팀의 목표가 없었고, 팀 전체가 아닌 서로 필요시 협업하는 구조로만 움직였기 때문이었다. 그러니 각자가 자기 위치에서만 열심히 했다.

이때부터는 How(어떻게)를 함께 고민하면 좋다. 마지막 원인을 가지고 How를 찾으니 이런 결론에 도달했다. '팀 목표를 관리할 리더를 세우고, 팀으로 히트 상품을 개발하는 업무 프로세스를 구축한다.'

다시 처음 우리가 접근한 문제를 보겠다. '매출이 정체하고 있다'였다. 그런데 결론은 '리더를 세우고, 업무 프로세스를 구축하자'로 나왔다. 다음으로 필요한 업무 프로세스 구축에 대한 일은 새롭게 발탁된 리더들이 5WHY에서 나왔던 문제들을 검토하며 우선순위에 맞게 하나씩 해결해 나가면 된다. 또 조직 전체 차원으로는 픽사의 브레인 트러스트와 같은 회의 방식을 적용해서 다양한 관점을 찾아갈 수도 있다. 이때 MD 2~3명이 짝지어 팀 작업을 진행하는 것도 하나의 방안으로 제안되었다. 리더를 세우더라도 이렇게 단계별로 나왔던 이슈 중 우선순위를 세워 중요한 걸 선정하면 근본적인 문제와 해결법을 알 수 있다.

이처럼 하나의 현상을 두고 '왜'라는 질문을 4~5번 반복하다 보면 근본 문제에 다다를 수 있다. 그리고 이 과정을 거꾸로 뒤집으면 그 문제를 해결할 때 필요한 How(어떻게)를 찾을 수 있다는 것도 발견한다. 물론 '왜'라는 질문이 늘어날수록 누군가에게 상처가 될 수 있는 이야기가 나오기도 한다. 일하는 방식의 잘못된 부분, 개선할 점이 드러나기 때문이다.

How 반복 질문법

How는 방법을 찾는 질문이다. 그런데 좋은 방법은 언제 나올까? 첫 번째 답변에서 나오기보다는 생각을 확장하고, 다른 생각들을 추가하는 것을 반복하면서 나올 수 있다.

그래서 How 질문은 한 번으로 끝내기보다 반복해서 최대한 많은 실행 아이디어들을 찾아보길 추천한다. 방식은 5WHY 질문법과 비슷하게 진행되며, 마지막에 나온 최적의 대안을 팀의 목표와 액션에 추가하고 실행하고, 피드백하면 된다. 이때의 질문은 과거의 문제를 파악하기보다 미래의 목표를 달성할 수 있는 질문을 하는 것이 좋다.

① 목표 상황과 회의 시간, 대화의 규칙을 명확히 정한다.

② 첫 번째 How 질문부터 시작해 다양한 대안을 찾으며 토론한다.

③ 각 How에서 나온 대안 중 최적의 아이디어를 정한다.

④ 2·3 과정을 반복한다. 만약 네 번째 How에서 최적의 대안을 발견하면 회의를 종료해도 좋다.

⑤ 지금 이야기한 방법들 중에 최고의 효과를 내는 아이디어는 무엇일지 토론한 뒤 지금 당장 실행할 수 있는 방법(How)을 정리한다.

관점을 바꾸고, 시점을 바꾸는 질문

이 질문은 내가 아닌, 다른 사람의 관점에서 생각하도록 하는 효과와 현재가 아닌 과거 또는 미래 시점에서 생각하도록 하는 효과를 내게 된다.

관점을 바꾸는 질문은 내가 아닌, 고객·경영자·팀장·동료·협업부서·협력업체 관점에서 지금의 일을 생각하게 하는 효과를 보게 된다. 이 질문을 받게 되면 팀원은 자신이 현재 하고 있는 과업들이 누구와 연결되어 있는지를 생각할 수 있고, 누구에게 어떤 영향을 주고 있는지를 파악할 수 있게 된다.

관점을 바꾼 질문 예시

① 만약 본인이 팀장이라면 무엇이 가장 중요하다고 했을까?

② 고객 입장에서 OO 상품을 O만 원에 구입하게 된다면 어떤 가치를 얻게 될까?

③ 본인의 가족에게 이 상품을 추천한다면 어떻게 설득할 수 있을까?

④ 본인이 고객이라면 이 상품에 대해 뭐라고 추천할까? 비추천하는 이유는 무엇일까?

⑤ 부모님, 아내, 아이라면 이 상품을 추천할까, 비추천할까? 그렇게 이야기한 이유는 무엇 때문일까?

⑥ 상대방 입장에서 무엇을 원할까? 해결하려면 어떻게 준비해야 할까?

시점 질문은 지금 당장 하고자 하는 일이 아닌, 과거의 경험과 사례를 다시 돌아보게 하거나, 미래에 발생할 리스크나 미래 목표가 달성되었을 시점을 가상으로 상상하게 하며 현재 중요한 우선순위를 찾아가도록 돕는 질문이다.

시점을 바꾼 질문 예시

① 만약 1년 전으로 다시 돌아간다면 어떻게 행동할까?

② 다시 문제가 발생한 때로 돌아간다면 어떤 방법을 사용할까?

③ 3년 후 이상적으로 생각하는 본인의 모습은 어떤 모습인가?

　그 모습을 위해서 지금 가장 먼저 실행해야 할 것은 무엇인가?

④ 1년 후 이 상품은 얼마의 매출을 올릴 수 있을까? 그렇게 판단한 근거는 무엇인가?

⑤ 10년 후의 ○○님이 지금 ○○님에게 조언을 한다면 뭐라고 할까?

팀장의 질문이 팀원을 바꾼다

이렇게 팀장이 경청과 질문이라는 스킬을 제대로 활용했을 때 팀원은 자신이 팀장에게 중요한 사람으로 관심받고 있다는 자신감을 가진다. 이 자신감은 업무에도, 팀원 간 협업에도 긍정적 영향을 끼치고, 당연히 팀장에 대한 신뢰와 회사 생활의 만족감도 높아진다. 이렇게 심리적 안전감을 가진 팀원은 자연스럽게 과업에 몰입하고, 조직에 헌신할 수 있는 환경을 갖추게 된다는 의미다. 그런데 만약 팀장이 경청과 질문이 아닌, 자신만의 생각과 의견을 강요하고, '내 말이 정답이야'라고 이야기하게 되면 어떻게 될까? 그저 1레벨인 지위의 리더십만을 활용하게 되는 팀장이 될 수밖에 없다. 이 지위의 리더십 또한 상황에 따라 좋은 리더십일 수 있지만, 오랜 시간 머무르게 된다면 팀원의 성장과 성공을 방해하는 리더십이 된다는 것을 꼭 기억하자.

팀원을 변화시키는
피드백

2020년 12월, 조 바이든이 미국 대통령 당선인이 되기까지 그에게는 숱한 개인적인 아픔이 있었다. 그는 아들과 딸, 아내가 먼저 세상을 떠나는 아픔을 겪었다. 헤아리기 어려운 좌절을 겪을 때, 그를 일으킨 '두 컷짜리 만화'가 있었다.

딕 브라운이라는 작가가 그린 '공포의 헤이가르(Hagar the horrible)'라는 만화였다. 내용은 단순하다. 고통을 받는 주인공이 신에게 "왜 하필 나예요?(Why me?)"라고 외치자 신이 "왜 넌 안 되지?(Why not?)"라고 말하는 장면이다. 이 만화를 바이든에게 준 건 그의 아버지였다. 만화를 아들에게 건넨 아버지는 이렇게 말했다.

"세상이 네 인생을 책임져야 할 의무라도 있니? 어서 털고 일어나렴."

이미 일어난 일을 합리화할 방법은 없고, 과거로 돌아가 그 사건이 벌어지지 않도록 되돌릴 수도 없다는 것. 즉, 누구나 언제든 불행이 올 수 있다는 메시지였다. 아버지의 조언을 들은 바이든은 시간이 흐른 뒤 아버지가 자신을 과거에 무릎 꿇도록 내버려두지 않으려 했다는 걸 깨달았다고 한다.

피드백의 중요성

평소에도 바이든의 아버지인 '조셉 바이든 시니어'는 아들에게 조언을 아끼지 않았다. 그는 "사람을 평가할 때 얼마나 자주 쓰러졌는지가 아니라, 얼마나 빨리 일어섰는지를 봐야 한다"고 말했다. 불행을 겪은 바이든이 자신에게 왜 이런 일이 벌어졌는지 낙망해 있을 때, 과거가 아닌 미래의 모습을 그릴 수 있도록 도왔다.

사람들을 코칭하며 성장과 성과를 만들어내는 대화법을 연구하는 나는 바이든 아버지의 조언들이 쌓여서 바이든의 인생을 바꿨다고 생각한다. 그렇다면, 여기서 질문. 바이든의 아버지가 그에게 한 말은 피드백일까?

그렇다. 피드백이 맞다. 이처럼 피드백을 어떻게 하느냐에 따라 한 사람의 삶은 바뀔 수 있다. 바이든의 아버지가 냉정하게만 대한 것 같았지만, 사실은 바이든이 다시 일어설 수 있는 피드백을 한 것처럼. 앞으로 우리는 그동안 잘못 알았던 피드백에 대한 오해를 풀면서, 올바른 피드백을 하기 위한 밑바탕을 다져보려고 한다.

다시 바이든 아버지의 피드백 이야기를 해보자. 그가 아들에게 전한 피드백은 어떤 것이었을까? 나는 이것이 미래를 향한 '피드포워드(Feed Forward)'라고 생각한다. 바이든의 아버지는 지나간 과거로 가족을 잃은 아들을 위로만 하기보다, 아들이 미래의 목표를 볼 수 있도록 해줬다.

우리는 보통 피드백을 하라고 하면 과거를 생각한다. 그리고 그 과거에 매몰되어 버린다. 사실 여기서 멈추면 피드백도, 피드포워드도 아닌 그저 불평과 불만, 아픔과 상처 이외에 아무것도 아니게 된다. 물론 과거는 다시 돌아갈 수 없는 시간이다. 하지만 과거에서 얻어야 하는 교훈은 있다.

과거를 돌아보면서 성공 요인은 계속 이어가고, 실패 원인은 제거하면서 같은 실패를 반복하지 않도록 노력할 수 있다. 성공과 실패 사례를 미래의 목표를 이루기 위한 현재의 내 행동으로 옮긴다면 그만큼 나는 변화하고 성장할 수 있는 것이다. 나는 이처럼 현재의 시점에서 과거를 돌아보는 것을 '피드백', 미래의 목표를 이루기 위해 과거의 것을 현재로 가져오는 것을 '피드포워드'라고 이야기한다(이 책에서는 2가지를 모두 '피드백'이라고 이야기하겠다).

피드백은 질책이 아니다

그런데 생각처럼 피드백을 한다는 게 쉽지는 않다. 그 이유는 일상과 직장에서 우리는 거의 모든 순간 피드백 상황을 마주하지만 우리 머릿속에서의 피드백은 부정적인 이미지로 가득 차 있기 때문이다. 팀장에게 피드백을 듣는다고 하면 '불편한 조언, 충고, 지적'이라 생각을 하고, 피드백을 주는 팀장도 꼰대처럼 보일까 봐 '피하고 싶다'고 토로할 때가 적잖다.

그래서 많은 팀장들이 피드백을 구체적으로 솔직하게 주지 않고 회피하거나 두루뭉술하게 준다. 이유는 간단하다. '지금 피드백을 주면 서로 불편하니 그냥 조용히 넘어가자'라고 생각했기 때문이다. 그저 지금 당장 불편함을 마주하는 것은 싫고, 또 함께 일을 해야 하는데, 피드백을 줘서 관계가 불편해지는 것보다 내 마음이 편하기 위해 회피하거나 애매하게 돌려서 이야기하는 게 우리의 현실이다. 그런데 소소한 이슈들을 이렇게 넘기다가, 정작 중요한 시점이나 생뚱맞은 시점에 실수를 하면 바로 피드백으로 감정적 공격을 하기도 한다.

이런 리더들의 행동을 책 《1분 경영》에서는 'Leave alone zap(놔뒀다가 공격하기)'이라고 한다. 평소 작은 피드백을 피하다가 큰 문제가 발생했을 때 쌓아둔 것까지 포함해 질책하는 것을 의미한다. 작은 것을 피드백하면 그 행동을 개선하거나 고치기 쉬웠을 텐데, 그걸 쌓아두고 한 번에 이야기하니 피드백과 감정을 함께 버리는 것이다.

이런 경우도 있다. '평소 피드백은 언제 하나요?'라는 질문에 보통 팀장들은 1년에 1~2번 있는 정기 평가 미팅을 할 때 피드백을 전달한다고 한다. 나 역시 코칭을 하다 보면 분명히 피드백을 전달해야 하는 상황인데도 "다음 달에 피드백 미팅이 있어서 그때 전달하려고 피드백할 내용을 잘 모아두고 있어요"라고 말하는 팀장들을 자주 만난다. 그럴 때 나는 이렇게 답한다.

"질책거리를 가방 한가득 쌓아두고 피드백을 한다고요. 그건 피드백을 하는 것이 아니라 3~4개월 동안 쌓인 불만을 모아서 쓰레기통에 버리는 것뿐입니다."

물론 피드백을 주는 사람은 불편한 상황을 한 번만 겪어서 편할 수 있다. 하지만 받는 사람은 그 상황을 일일이 기억하고 있지 못할 것이다. 3~4개월 전에 당신이 어떤 행동을 했었는지 기억하는가? 그렇지 않을 것이다. 자기도 기억하지 못하는 내용의 피드백을 한 번에 여러 개 받는다고 생각하면, 억울한 마음만 들지 않을까? 행동이 있었던 당시에 솔직한 피드백을 받았다면 행동을 즉각 바꿀 수 있었을 텐데, 모아서 한 번에 피드백을 하는 건 그냥 잘못된 행동을 방치한 거라고 봐야 한다.

또 피드백이 힘들다고 하는 분들은 종종 거짓말을 한다. 목적을 위한 의도적 거짓말, 모르는 내용을 아는 척 하는 무지적 거짓말, 잘못됨을 알면서도 당장의 불편함을 피하는 회피적 거짓말 등이 있다. 모두 상대방에게 상처를 주지 않는다는 평계로 하는 말이다. 잘못한 것이나 개선해야 할 점을 솔직하게 이야기하지 않고, '괜찮아'라고 이야기하거나 조용히 묻어버리는 것이다. 하지만 이건 올바른 피드백을 완전히 방해하는 거짓말들이다.

솔직한 피드백은 정말 중요하다. 만약 바이든의 아버지가 자신의 솔직한 마음을 전하지 않고, 위로하는 말만 했다면 어땠을까? 바이든은 자신의 힘듦을 이해하는 아버지에게 위로는 받았을 수 있었겠지만, 그로 인해 다음으로 성장할 동기를 얻지는 못했을 것이다.

물론 마음만큼 피드백을 잘하는 건 어렵다. 특히 행동의 변화를 이끌어내는 것까지 연결하는 건 더 어렵다. 그래서 나는 우리가 피드백을 더 제대로 알아야 한다고 생각한다.

완벽한 피드백은 없다

세상에 완벽한 사람은 없다. 아무리 뛰어난 사람이라도 개선해야 할 점이 있을 수밖에 없다. 이런 부분을 고치지 않고, 이전과 동일한 방식으로 행동한다면 어떻게 될까? 뛰어나다는 그 사람은 10년이 지나도 변화 없이 성장하지 못할 것이다. 조직도 마찬가지다. 피드백 없이 일하는 방식이 변하지 않는다면 그 조직은 더 이상 성장하지 못하고 멈출 수밖에 없다.

그래서 피드백은 완벽한 사람도 없고, 정답을 알고 있는 사람도 없기 때문에 서로가 갖고 있는 다른 관점의 생각을 공유하면서 가장 그럴듯한 대안을 찾는 '대화'라고 정리할 수 있다. 종종 피드백을 '전달한다'고 표현하는데, 전달은 일방향이고 대화는 쌍방향이다. 즉, 바른 피드백을 하기 위해서는 팀장이 자신의 평가와 판단을 전하는 것뿐만이 아니라, 팀원에게도 자신의 의견과 판단을 이야기할 수 있도록 해야 한다는 것이다.

이처럼 피드백을 대화로 생각하면, 주는 사람도 이야기하고, 받는 사람도 이야기하며 서로 합의점을 찾을 수 있다. 그리고 '행동의 변화'를 찾아낼 수 있다. 대화를 통해 합의된 피드백은 행동 변화로 이어지면서 더 강력한 행동의 변화를 끌어낸다. 서로의 직급과 직책·성별·생각·가치관·성격·환경이 다르다고 인정하기에 대화를 하면서 서로 공유하고, 맞춰가는 것이다. 함께 일하고 대화를 나누는 너와 내가 다르다는 걸 인정하는 것에서 제대로 된 피드백은 출발할 수 있다.

우리가 오해했던 피드백, 사실은?

① 피드백은 부족한 것과 개선해야 할 것을 공유하는 것뿐 아니라, 잘하는 부분을 인정하고 칭찬하는 것도 포함한다.

② 피드백은 공식적인 시간에만 하는 평가 피드백뿐만이 아니라, 일상적인 대화처럼 수시로 주고받아야 한다.

③ 피드백은 전달하고자 하는 메시지만 중요한 게 아니다. 피드백을 전하는 사람의 태도와 타이밍, 분위기도 중요하다(메라비언의 법칙: '상대의 인상이나 호감을 결정하는 주요 요소로 태도 55퍼센트, 목소리 38퍼센트, 메시지의 내용 7퍼센트 순으로 관여한다'는 이론. 심리학자이자, UCLA의 교수였던 앨버트 메라비언이 만들었다).

④ 피드백은 많이 한다고 좋은 것이 아니다. 상대가 행동을 바꿀 수 있을 만큼, 즉 소화할 수 있는 만큼만 해야 한다(그런데 간혹 피드백을 많이 받기를 원하는 사람도 있다. 이들은 피드백을 관심의 표현이라고 여기는데, 인정·칭찬과 피드백 그리고 사소한 인사와 알아차림 등을 자신을 향한 관심으로 해석한다).

⑤ 피드백은 전달하는 것이 아니라, 서로의 생각을 공유하고 합의하는 '대화'다.

그동안 했던 피드백을 생각하며 아래 질문에 답해보자.

Q. 그동안 내가 피드백에 대해 오해했던 내용은 무엇인가?

Q. 이제 내가 생각하는 좋은 피드백과 나쁜 피드백은 무엇인가?

Q. 지금 피드포워드를 해주고 싶은 사람은 누구이고, 어떤 말을 해주고 싶은가?

피드백
잘하는 법

직장에서의 피드백은 무엇일까? 누군가는 평가나 판단, 지적이나 조언이라고 생각하고, 팀장이 팀원에게 주는 업무 지시라고 생각하는 이도 있다. 피드백을 긍정적으로 느끼는 분은 '나를 도와주는 것' '내가 더 잘했으면 하는 걸 알려주는 것'이라고 표현하기도 하다. 다 맞는 이야기다. 요약하면 피드백은 '말과 행동에 따른 상대방의 느낌·감정·행동 등이 모두 포함된 반응'이라고 할 수 있다.

좋은 피드백이란

정의를 보면 별것 아니라고 생각할 수 있는데, 그럼에도 굳이 '피드백을 한다'고 말하는 이유는 왜일까? 피드백을 하는 이유의 힌트

211

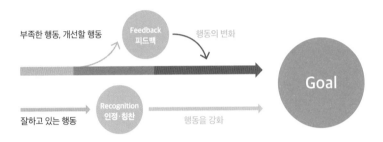

피드백은
'사람을 움직이고, 변화시키는 힘'이다.

는 단어의 뜻에서 찾을 수 있다. 피드백은 피드(Feed)와 백(Back)으로, 과거를 돌아본다는 의미를 가지고 있다. 조금 더 해석을 한다면 피드백을 하는 이유는 '잘하고 있는 행동을 계속하게 하고, 잘못하는 행동이나 개선해야 할 행동을 바꾸기 위해서'라고 말할 수 있다. 이 2가지를 나눠서 잘하고 있는 행동을 계속하게 하는 것을 다음에 다룰 인정·칭찬(Recognition)이라 하고, 이번에는 개선해야 할 행동에 대해 조금 더 깊이 있게 다루도록 하겠다.

그렇다면 궁금해지는 건 좋은 피드백이다. 좋은 피드백은 곧 '행동의 변화를 이끈 피드백'이다. 반대로 나쁜 피드백은 '행동의 변화를 이끌어내지 못한 피드백'이다.

이렇게 우리는 쉽게 피드백이 무엇인지, 왜 해야 하는지 정의할 수 있지만 여전히 피드백을 긍정적으로 생각하기는 어렵다. 결국 현실에서 주고받는 피드백은 '내가 부족한 것을 전달받거나 지적받는 것'으로 이해하기 때문이고, 그러다 보니 '피드백=평가'로 인식하기 쉽다.

팀장도 자신의 리더가 업무를 평가하는 순간을 그다지 상상하고 싶지 않을 것이다. 그 시간은 분명 잘한 부분에 대해 인정과 칭찬을 받기도 하지만, 1년 동안 내가 노력해왔던 것에서 부족한 부분을 이야기할 수밖에 없기 때문이다. 자신의 부족함과 약점을 노출하면서 즐거워할 사람은 없다.

그렇기 때문에 피드백을 대하는 시간에는 자신의 지난 성과를 평가받는 일이 부정적으로 느껴질 수밖에 없다. 모든 사람들은 '완벽한 나'로 여겨지고 싶고, '잘하는 나' 그리고 '조직에서 인정받는 나'로 기억되고 싶어 하니까. 나 역시 코칭을 하고 피드백 방법과 조직 문화를 연구하지만, 조직 안에서 내가 피드백을 받을 때에는 마음에 부담감과 불편함이 생기는 것도 사실이다. 하지만 다르게 생각하려는 것이 하나 있다. 지금 받는 피드백으로 내가 바뀔 수 있다면, 그만큼 나는 성장할 수 있다는 확고한 믿음이다. 이 때문에 '그래서 내가 무엇을 바꾸면 조금 더 나아질까?'라고 고민하는 것이다.

신뢰를 바탕으로 피드백하라

어떻게 해야 자칫하면 불편한 피드백을 더 잘할 수 있을까? 최근에 들은 피드백의 예를 들어보겠다. 폴 매카트니의 전속 사진작가였던 김명중 작가가 방송에 나와 전한 이야기다.

김 작가는 폴 매카트니의 공연을 매번 따라다니며 고액의 비용을 받고 촬영하는 일을 했다. 점점 일에 익숙해졌던 어느 날, 공연이 끝난 뒤 평소처럼 폴과 김 작가는 공연 사진을 점검했다. 일을 끝낸 뒤 김 작가가 일어서려는데 폴이 그를 잠시 앉도록 했다. 그리고 이렇게 말했다.

"네가 찍은 사진이 더 이상 나를 흥분시키지 않는데, 어떻게 생각하니?"

폴은 더 이야기를 하지 않았고, 김 작가를 그만두게 하지도 않았다. 하지만 이 일을 계기로 자신의 행동을 돌아본 김 작가는 일을 대하는 태도를 바꿨다. 이전에는 원본 사진을 보여주고 폴이 고른 사진만 보정을 했다면, 이제는 모든 사진을 보정한 뒤 그를 만났다. 폴의 짧지만 강한 피드백으로 다시 일에 집중할 수 있게 된 것이다.

만약 폴이 "평소와 다르게 사진이 왜 이 모양이야?"라는 식으로 전후 관계를, 잘못된 점을 따졌다면 김 작가에게 긍정적인 변화가 일어났을까? 나는 이 사례를 소개하면서 피드백을 주더라도, 대화 방식에 따라 받는 사람은 다르게 받아들인다는 점을 전하고 싶다.

피드백은 생각하게 하는 힘을 가지고 있다. 과거와 현재의 나, 그리고 내가 이상적으로 생각하는 미래의 내 모습을 객관적으로 비교할 수 있을 때 강력한 힘을 발휘한다. 그러다 보니 피드백은 받는 사람이 받아들일 준비가 되었을 때에야 효과가 나타난다. 특히 지적의 의미가 담겼다고 오해할 수 있는 발전적 피드백은 리더와 팀원의 신뢰 관계에 따라 성패가 갈릴 수 있다. 예를 들어 팀원과 팀장 간 유대 관계가 없고, 사람에 대한 관심 없이 지적만 한다면 팀원은 피드백을 부정적으로만 받아들인다. 아무리 진심이 담긴 피드백이더라도 기분 나쁜 충고로 끝나고 만다.

반대로 피드백을 하는 팀장이 평소 팀원이 어떤 행동을 하고 어떤 역량을 갖고 있는지 관찰했고, 관심을 자주 표현해 신뢰를 쌓아뒀다면 어떨까? 자신의 부족함을 전달받은 솔직한 피드백도 팀원은 이해하게 된다. 결국 피드백은 불편한 말을 꺼내야 하기에 주고받는 사람 모두 쉽지 않지만, 신뢰 위에 솔직하게 마주할 때 효과가 나타난다. 2레벨의 '관계' 리더십이 중요한 이유를 여기에서도 찾을 수 있다.

폴 매카트니의 피드백에도 전속 사진작가에 대한 신뢰와 이해가 녹아 있었다. 그렇기에 과거보다 아쉬운 결과물을 보여주는 작가가 더 성장하길 바라며 직접적인 피드백을 주고, 생각하고 행동을 개선할 기회를 준 것 아닐까? 그의 현명한 피드백이 없었다면 김 작가의 실력과 폴 매카트니와의 인연 모두 발전하지 못했을 것이다.

피드백을 잘하는 3단계 프로세스

피드백을 실제로 한다고 해보자. 어떤 과정을 거쳐야 할까? 좋은 피드백을 하려면 시간과 노력을 더 쏟아야 한다. 불편한 상황을 직면하면서도 행동 변화로 연결할 수 있는 방법을 소개한다. 피드백도 경청과 동일하게 사전 준비, 피드백 대화 그리고 피드백 후 팔로업이라는 3단계로 이루어져 있다.

1단계: 사전 준비

주고받는 사람이 모두 불편할 수 있는 피드백, 팀원이 이런 피드백을 수용할 수 있도록 사전 준비가 필요하다. 이 단계에서는 3가지 키워드를 기억해야 한다.

① **관심**: 팀원의 성향, 과업, 일하는 방식 등에 관심을 가져야 한다. 그는 나와 함께 하는 동료이자, 그의 성장과 성공을 지원하는 게 팀장의 일이라는 것을 인정하는 것에서 시작된다.

② **관찰**: 팀원의 행동을 관찰해야 한다. '어떻게 행동하지?' '어떤 방식으로 일하고 있지?' '스킬이나 도구를 사용하는 수준은 어느 정도지?' '협업할 때 소통은 어떻게 하고 있지?' '강점을 잘 활용하고 있나?' 등에 대해 구체적으로 알고 있어야 한다.

③ **정보**: 관찰한 내용을 토대로, 피드백 때 어떤 메시지를 전달할지 정리해야 한다.

2단계: 피드백 대화

사전 준비가 끝났다면 이제 피드백 대화를 해야 하는 두 번째 단계다. 이때는 'FIRN'으로 요약되는 4가지 프로세스가 있다.

① **피드백 근거**(Fact)

앞서 1단계에서 관찰을 통해 찾은 정보가 팩트에 해당한다. 실제로 변화·교정·발전이 필요한 행동을 공유한다.

② **부정적 영향**(Impact)

이 행동을 통해 어떤 부정적인 영향이 발생했는지 팀원에게 전해준다. 이때 3가지 관점에서 부정적인 결과와 영향을 정리하면 좋다.

1) 회사와 팀장 입장에서 어떤 부정적 영향을 받았는지

2) 동료들은 어떤 부정적 영향을 경험하고 있는지

3) 그로 인해 팀원 본인이 평가와 평판 등에서 어떤 부정적인 영향을 겪는지

이때의 부정적 영향은 퍼포먼스일 수도 있고, 팀원의 브랜딩과 동기부여 등으로 다양하게 표현할 수 있다.

이렇게 팀장이 팩트와 임팩트를 팀원에게 전달하고 나서, "내 관점에서는 이렇게 생각했는데, 너의 생각은 어때? 내가 잘못 판단한 것일 수도 있고, 네 관점은 다를 수도 있을 것 같은데"라고 이야기를 해보면 어떨까? 먼저 팀장과 팀원의 서로 다른 관점을 공유하고 이야기를 나누는 것이다. 그리고 다음 대화로 연결하는 것이다.

③ **행동 개선 요청**(Request): 앞서 팩트와 임팩트라는 과정을 통해 문제를 객관적으로 인식한 다음, 변화해야 할 행동을 요청한다. 다음 단계로 성장할 수 있도록 팀원에게 기대하는 행동과 일하는 방식을 말한다.

④ **기대되는 긍정적 영향**(New impact): 요청한 행동을 팀원이 실행할 경우 예상되는 긍정적인 영향을 표현해주는 것이다. 이때도 회사·리더 관점, 동료 관점, 팀원 본인 관점에서 정리해 이야기하면 좋다.

3단계: 팔로업

세 번째 단계는 행동 개선이 지속되도록 도와주는 팔로업(Follow up)이다. 피드백 대화에서 제안한 요청에 따라 행동이 변화했는지, 아니면 변화하지 않았는지를 확인해 표현하는 것이다.

개선되고 있는 부분을 발견했다면 그 점을 언급하면서 "행동을 개선해줘서 고마워요"라는 인정과 칭찬을 할 수 있다. 반대 상황이라면 "지난번 미팅 때 요청한 부분이 아직 바뀌지 않는 것 같은데, 어떤 점이 힘든가요?"라며 개선되지 않는 부분을 알아차려야 한다.

팔로업은 생각보다 중요하다. 보통 피드백 대화를 하고 난 뒤 '팀원이 이제 바뀔 거야'라며 오해하는 팀장이 많다. 그런데 습관처럼 하던 행동을 바꾸는 건 정말 어렵다. 동기부여가 떨어지는 경우는 좋은 일을 해도 아무런 변화가 없을 때다. 일을 해냈거나 성과를 냈는데 아무도 알아주지 않을 때, 작은 변화를 통해 노력하고 있는데 아무도 알아채주지 않을 때, 특히 리더의 아무런 '인정·격려·칭찬'이 없을 때 동기부여가 떨어진다. 그렇기에 행동의 변화가 조금이라도 보인다면 그걸 알아차려야 하고, 반대의 상황도 알아차리고 표현해줘야 한다. 개선된 행동을 지속하게 하는 힘은 팔로업에 있다.

하지 말아야 할 나쁜 피드백

좋은 피드백이 있다면 나쁜 피드백도 있다. 나쁜 피드백은 안 하느니만 못한 피드백이다. 다음의 경우에 주의하자.

- 학대적 피드백

피드백을 할 때는 늘 받는 사람 입장에서 생각해야 한다. 받는 사람이 피드백을 들은 뒤 "모멸감, 상처를 받았다"는 생각이 든다면 피드백을 주는 사람의 진정성과 메시지의 의미는 사라지게 된다. 좋은 피드백과 학대적 피드백의 가장 큰 차이는 여기에 있다. 같은 피드백이라 하더라도 좋은 피드백은 피드백을 받은 사람의 행동에 긍정적인 개선이 이뤄진다. 100퍼센트는 아니어도 그 피드백에 대해 동의하고, 행동을 바꾸기 시작하는 것이다.

하지만 학대적 피드백은 받는 사람의 감정이나 상황은 고려하지 않고, 피드백을 주는 사람의 입장에서만 부족한 점, 개선해야 할 점만 지적하는 것이다. 예를 들어 강하게 피드백을 줘야 한다며 "네가 그러고도 팀장이야? 3년 차도 그것보다 잘하겠다. 다음부터 제대로 할 때까지 팀장 회의에 들어오지 마"라고 하면 어떨까? 실제 이렇게 이야기하는 리더를 본 적이 있다. 본질을 잃고 상대의 근본을 비난하는 피드백만 한다면 모멸감만 주고, 팀장과 팀원과의 신뢰도 떨어질 수 있다. 여러 번 이야기해도 바뀌지 않는 팀원에게 제대로 충격을 주기 위해서였다는 팀장의 말은 그저 변명일 뿐이다. 학대적 피드백을 받은 팀원에게는 단순히 '내가 왜 이런 대우를 받아야 하지?'라는 질문만 남게 된다.

- 무의미한 피드백

무의미한 피드백은 피드백을 받는 사람의 행동 변화가 없는, 의미 없는 피드백을 말한다. 팀장이 피드백을 할 때 가장 많이 하는 실수 중 하나다.

새롭게 팀에 합류한 한 팀원 D의 예시를 들어보자. 그는 팀에 합류했으나, 한 달이 지나도 기대보다 성과를 내지 못하고 있었다. 이때 팀장은 팀원에게 왜 성과가 나지 않는지만 확인하고, 지적을 한다. 그런데 알고 보니 D가 맡은 프로젝트는 새로 들어온 팀에서도 처음 시도하는 것이었다. D가 기획안을 가지고 가도, 팀장 역시 어떤 방향으로 프로젝트가 진행되면 좋을지 확신이 없어서 명확한 방향성을 주기보다는 '아닌 것 같은데, 다시 해와'라고만 했다. 다른 동료들도 프로젝트를 이끈 경험이 부족해 도움을 주지 못하고 있었다. 그래서 진전이 없었던 것이다. 구체적인 행동이나 이유를 제시하지 않고, 감정만 전달하거나 결과만 질책한다면, 모멸감만 느끼는 무의미한 피드백이 된다.

만약 이런 상황에서 좋은 피드백이 되기 위해서는 이렇게 이야기해보면 어떨까 한다. '지금 그 프로젝트를 아무도 해본 사람이 없어서 구체적인 피드백을 주기가 어려울 것 같은데, 비슷한 프로젝트를 했었던 팀의 이야기를 함께 듣고, 우리가 적용할 점을 찾아보는 것으로 하면 좋을 것 같아'라고. 바로 일하는 방식을 바꾸도록 하는 피드백 말이다.

좋은 피드백도 적합한 '타이밍'이 있다

좋은 취지와 내용, 방식을 담은 발전적 피드백이 효과를 내지 못하는 상황도 있다. 팀원이 팀장의 피드백을 받아들일 준비가 되어 있지 않은 경우다. 팀장이 아무리 좋은 의도에서 개선 사항을 이야기하더라도 부정적인 반응이 나오는 학대적, 무의미한 피드백이 될 수밖에 없는 상황이다.

예를 들어 진심이 담긴 피드백 메시지가 있더라도 만약 피드백을 받아야 하는 사람이 건강에 이상이 있거나, 최근 많은 야근을 하며 체력적인 한계를 겪고 있거나, 가정사에서 개인적인 고민이 있을 때 피드백을 주면 어떻게 될까? 아마 '내가 이렇게 힘든데, 힘들게 일하고 있는데, 그것도 모르고…'라며 팀장을 원망하며 지금까지 쌓아온 리더십 관계가 한순간에 무너질 수도 있다. 또 피드백을 전달하는 그 순간이 팀원의 부사수 앞에서라면 어떻게 될까? 자존감에 상처 입은 팀원은 그 순간부터 팀장을 적으로 대할 수도 있다. 피드백의 타이밍을 확인해야 하는 이유는 바로 우리들이 감정을 가진 사람이기 때문이다. 그래서 피드백을 주기 전 팀장은 팀원의 감정 또한 잘 관찰하고 있어야 한다.

나는 이 행동의 변화를 받아들일 수 있는 수준을 수용도라고 말한다. 피드백을 받는 사람의 수용도가 높다는 건, 자신의 부족한 점을 납득할 마인드를 갖췄고, 행동을 개선할 준비가 되어 있다는 것이다. 그래서 좋은 피드백을 위해 어떤 메시지를 전달할지보다, 받아들이는 사람의 수용도를 어떻게 올릴지에 초점을 두어야 한다.

이를 위해 피드백을 주는 사람과 받는 사람 간의 평상시 신뢰 관계 구축이 필요하다. 팀장은 팀원의 수용도를 올리기 위해 평소 관심을 가지고 팀원이 어떻게 일하는지를 관찰할 수 있다. 또 조직의 성공 이전에 개인의 성장과 성공을 위해 피드백 메시지를 준비할 수도 있고, 식사와 커피를 마시며 편안히 이야기하는 방법, 편지를 통해 진심을 전하는 방법 등이 있다. 평소에도 끊임없이 팀원의 성장을 위해 피드백과 칭찬을 주고받았다면 아마 이번 피드백도 그 관점에서 수용하지 않을까?

피드백은 쉽지 않지만 그만큼 팀원의 성장에 놀라운 효과를 가져올 수 있어서 소홀할 수 없는 부분이다. 팀장이라면 꼭 알아야 할 유용한 피드백 스킬에 대해서는 5장에서 더 자세히 다루겠다.

팀원의 행동을
강화하는 칭찬

"똑똑한데, 잘하네" "항상 잘했잖아. 이번에도 잘할 거야" "이번에 매출 목표 달성했네, 잘했어"라는 말을 들으면 어떠한가? 기분이 좋을 것이다. 그런데 혹시 이 칭찬을 듣고 행동은 어떻게 바뀌었을까? 나는 아마 바뀐 행동은 없을 거라 생각한다.

칭찬의 역습

EBS에서 '칭찬의 역습'이라는 관찰 프로그램이 있었다. 초등학생들에게 수학문제를 풀 때 칭찬을 해주면 다음에 어떻게 행동이 변화하는지를 보여주는 내용이었다. 먼저 아이들을 2개 그룹으로 나눠 수학문제를 풀게 했다. 이때 A그룹의 아이들에게는 선생님이

"똑똑하구나" "잘하는구나" 이런 칭찬을 했다. B그룹의 아이들에게는 "열심히 노력하는구나" "어려운 문제인데, 노력하는구나" 이런 칭찬을 했다. 두 번째 실험에서는 이 아이들에게 비슷한 난이도의 수학문제와 좀 더 어려운 수학문제 중에 선택을 하게 해봤다. 결과는 어땠을까? 예상한 대로 똑똑함을 칭찬받은 A그룹의 아이들은 비슷한 난이도의 문제를 선택했고, B그룹의 1명을 제외한 나머지 아이들은 어려운 수학문제를 선택했다. 그러면서 이렇게 이야기한다. "비슷한 문제는 풀어봤으니, 이번에는 조금 더 어려운 문제를 해보려고요."

두 그룹의 아이들은 모두 칭찬을 받았지만, 두 번째 문제를 선택할 때 반대의 행동을 했다. 재능을 칭찬받은 A그룹은 성공이 보장된 똑같은 난이도의 문제를, 행동과 노력을 칭찬받은 B그룹은 더 어려운 문제를 선택했다. 어려운 문제를 고르면 결과가 좋아지지 않으니 A그룹은 다음에도 칭찬을 받을 수 있는 비슷한 난이도의 문제를 선택한 건 당연한 일이다. 숨은 이유가 하나 더 있다. 더 어려운 문제를 풀지 못하면 '나는 재능이 없다'라고 선생님이 생각할 것 같아 재능 있는 아이라는 타이틀을 지키고자 자신이 풀 수 있는 문제를 선택한 것이다. 반대로 행동과 노력을 칭찬받은 아이는 더 어려운 문제를 풀게 되면 더 노력하는 모습을 보일 수 있기 때문에 어려운 문제를 선택한다. 이는 비즈니스에서도 동일하다. 성과나 결과만 칭찬받은 사람은 성과가 날 수 있는 일만 골라 하려고 한다. 어렵고 새로운 일에 도전하지 않게 되는 것이다.

또 하나의 관찰 프로그램이 있었다. 아이들에게 책을 1권 읽으면 칭찬 스티커를 하나씩 주며 아이들의 행동 변화를 관찰하는 프로그램이었다. 이때 아이들에게 또 하나의 인센티브가 들어갔다. 50개를 모으는 친구에게 선물을 주는 것이다. 처음에는 자신이 좋아하는 책을 자신의 방식, 속도대로 읽던 아이들이 조금씩 변화를 주기 시작했다. 바로 옆에 있는 아이들의 행동을 보면서 말이다. 옆의 아이들이 자신보다 조금 더 빠르게 책을 읽고, 스티커를 모아가자 아이들은 책을 다른 방식으로 고르기 시작했다. 책의 내용을 보지도 않고 조금 더 얇은 책을 골랐고, 글자보다는 그림이 많은 책을 골랐다. 심지어는 그렇게 고른 책을 읽기보다 빠르게 넘겨가며 책을 읽는다는 목표를 잊고, 스티커를 옆의 친구보다 빨리 받아야 한다는 목표만 보게 된 것이다. 원래 스티커와 선물의 의도는 무엇이었을까? 책을 읽게 한다는 목표였지만, 스티커라는 칭찬은 아이들에게 목적을 잃고 결과만을 바라는 모습으로 바뀌게 만들었다.

인정·칭찬을 왜 할까

인정·칭찬(Recognition)의 목적이 있다면 무엇일까? 한 가지만 고르라고 하면 나는 '잘하고 있는 행동이 반복되길 원하는 것'이라고 말하고 싶다. 팀장에게 인정과 칭찬을 받게 되면 팀원은 기분이 좋고, 자신이 하고 있는 일에 동기부여가 된다. 자신이 했던 일에 대한 작은 보상을 받게 된 것이고, 곧 인정이라는 부분으로 연결이 된다. 그런데 그것은 이미 지나간 과거다. 과거의 결과, 과거의 행동에 대해 인정과 칭찬을 받는다고 해서 우리에게 돌아오는 것은 연봉이나 인센티브 외에는 없다. 인정과 칭찬을 하는 더 중요한 목적이 있다. 그것은 바로 '좋은 결과를 이끌어낸 좋은 행동, 잘하고 있는 행동을 계속 반복할 수 있도록 동기부여 하는 것'이다.

그래서 팀장은 팀원의 아래 3가지에 대해서 인정·칭찬할 수 있도록 업무뿐 아니라, 일상생활 속에서 관심을 가지고 관찰하며 인정·칭찬할 소스들을 찾고 모아야 한다.

- 전보다 더 나아진 결과와 성과, 목표 달성
- 전보다 더 나아진 일과 태도, 발전하고 있는 일하는 방식과 스킬
- 팀 또는 동료를 위해 수고하고 헌신하고 있는 행동

성과를 내거나 잘하고 있는 점을 인정하고 칭찬하는 것은 필요하다. 단, 초점은 성과와 결과보다 행동에 맞춰져야 한다. 팀장은 팀원이 업무뿐 아니라 일상 곳곳에서 이전보다 더 나은 모습을 갖기 위해 노력하는 모습이 보이면 이 태도를 인정·칭찬해줘야 한다. 그래야 바로 그 행동이 반복되기 때문이다.

팀장이 칭찬을 잘하는 원칙

인정·칭찬을 잘하는 방법은 무수히 많다. 아마 사람들마다 자신

들만의 방법들이 있겠지만 간단한 5가지 원칙을 공유해보겠다.

• 행동과 과정 중심으로 칭찬하라

결과도 중요하지만 그보다 더 중요한 것은 행동과 과정을 칭찬해야 한다는 것이다. 그래야 그 행동이 반복되고, 그 결과가 반복해서 좋아질 테니까. 좋은 결과가 있다면 그 결과를 만든 과정을 찾아 함께 칭찬해줘라. 만약 결과가 좋지 않았다면 결과에 대해서는 피드백을 하고, 그 과정에서 잘했던 부분은 인정·칭찬해주자.

• 즉시 하라

인정·칭찬의 목적은 행동이 반복되는 것이다. 그렇다면 그 행동을 기억하고 있을 때 해주는 것이 좋다. 그렇게 되면 인정과 칭찬을 받는 팀원이 그 행동을 기억하고 계속해서 반복할 수 있게 된다.

• 더욱 강화하는 방법을 제안하라

잘하고 있는 행동을 칭찬했는데, 그 행동을 계속해서 잘하고 있지만 더 나아지지 않는다면 어떻게 될까? 변화가 없는 것은 시간이 지나면 바로 약점이 되어 버릴 수도 있다. 잘하고 있는 행동을 인정·칭찬했을 때 한 가지 더 중요하게 여겨야 하는 부분은 바로 그 행동을 더 강력하게 하는 방법을 제안해주는 것이다. '이번에 고객 조사했었던 3가지 방식이 너무 좋았던 것 같아. 그걸로 인해 진짜 원인을 찾을 수 있었거든. 만약 그 고객 조사 방법을 우리 팀 전체에 확산할 수 있는 방법도 함께 고민해보면 좋을 것 같아'와 같이 확장을 제안하는 방식도 좋은 방법이다.

• 쓸데없는 말은 빼자

"매일 지각하더니, 오늘은 일찍 출근했네. 해가 서쪽에서 뜨겠어." 이 말은 칭찬일까 아니면 디스일까? 칭찬할 때 유의해야 할 부분은 바로 이렇게 쓸데없는 단어가 끼어들어간다는 것이다. 어색해서 하는 말일 수도 있지만, 절대 들어가면 안 되는 단어다.

• 말하는 'I' 또는 'We' 관점을 넣어라

이는 인정과 칭찬을 하는 팀장인 나(I), 동료와 팀인 우리(We), 그리고 회사에 어떤 도움이 되었다는 임팩트를 알려주라는 의미다. '이번에 밤늦은 시간까지 고객 조사를 마무리 지어서 고객의 진짜 니즈를 찾을 수 있었어. 그 인사이트가 우리 팀 프로젝트에 큰 기여를 한 것 같아. 나도 이번에 자네가 분석을 잘한다는 것을 다시 알게 된 것 같아'처럼 말이다.

인정하고 칭찬하는 피드백

사실 인정과 칭찬은 쉬워 보인다. 긍정적인 말이 담겨 있기에 마음이 불편하지도 않다. 이와 비슷한 피드백이 행동을 인정하고 칭찬하는 지지적 피드백이다. 잘하는 행동을 계속 잘하도록 격려하는 목적이 있다. 하지만 지지적 피드백을 할 때 기억해야 할 점이 있다. 가이드가 되어줄 AIR 대화법을 소개한다.

1. 인정·아는 척 하기(Acknowledgment)

잘한 행동과 과정, 결과에 대해 언급해줌으로써 감사와 만족을 표현하는 것이다. 이때 구체적인 행동을 표현해주면서 그 행동이 반복될 수 있도록 독려하는 언어를 사용하면 효과가 더 좋다. 가장 중요한 것은 결과뿐만이 아닌 팩트에 기반한 과정과 행동에 대해 인정해줘야 한다는 것이다. 결과뿐만이 아니라, 결과를 만들어낸 행동을 찾아서 그 행동까지 인정·칭찬해줘라.

2. 긍정적 영향 전달하기(Impact)

그가 인정받은 행동과 결과가 조직과 다른 구성원들에게 어떤 긍정적인 영향을 끼쳤는지 설명해준다. 첫 번째 단계에서 찾은 행동들을 통해 개인의 행동과 성과가 개인으로 끝나는 것이 아닌, 팀장·동료·조직 관점에서 더 큰 영향을 끼치고 있다는 것을 깨닫게 해주는 효과를 얻을 수 있다.

3. 강화하기(Reinforcement)

상대에게 구체적인 방법과 과정, 이유, 의도 등에 대해 설명하고 가르칠 기회를 준다. 이를 통해 다음에도 동일하거나 비슷한 행동을 할 수 있도록 유도하고, 구성원들에게도 성공 사례로 전달될 수 있도록 한다. 그의 성장을 위해 아이디어를 찾거나, 조금 더 발전적인 제안을 하는 것도 좋은 방법이다.

크리스티나 홀은 이렇게 이야기를 한 적이 있다. "칭찬을 많이 받을수록 성과가 올라가고 이직률은 감소한다. 경제적 보상은 직원의 소속감이나 이직률에 큰 영향을 미치지 않는다. 반면 칭찬의 횟수는 실질적인 영향을 미친다. 한 직원이 한 분기에 세 차례 이상 칭찬을 받을 때 다음 평가에서 그들의 성과 평가가 크게 상승했다. 그리고 한 분기에 네 번 이상 칭찬과 인정을 받을 때 그 직원이 1년후 같은 직장에 머물 가능성은 96퍼센트로 늘어났다"라고 말이다.

오늘부터 인정과 칭찬을 팀장의 강력한 리더십 무기로 활용해보는 것은 어떨까?

tip.1

사교적 언사는 피드백의 가장 중요한 부분 중 하나다.

'좋은 아침이에요' '머리하셨어요? 잘 어울려요' '커피 한잔 할까요?' 등의 표현도 중요한 피드백이다. 편안한 수다가 누군가에게는 중요한 친밀함의 순간이 될 수 있다.

tip.2

팀원과 매니저, 함께하는 팀원과 시선을 맞추는 것도 상대방에게 전달하는 피드백의 일종이다.

누군가의 눈을 마주치지 않는다는 건 결과적으로 그 사람에게 피드백하기를 거절한다는 뜻이다. 효과적으로 피드백을 하려면 시선을 맞춰야 한다.

tip.3

어떤 사람은 다른 사람보다 더 많은 피드백이 필요하다.

사람의 특성에 따라 피드백 방법이 적절하게 달라야 한다. 어떤 사람은 피드백을 통해 자신이 중요한 사람으로 인식되고 있다고 느끼기도 한다.

tip.4

똑똑하고 유능하게 일하는 팀원에게도 피드백이 필요하다.

잘할 거라 믿고 지지적·발전적 피드백을 통해 동기를 부여해주지 않으면, 스스로 일을 잘하는지 모르게 되어 추진력을 잃게 된다. 팀원에게 피드백을 주지 않는 건 일종의 심리적 징계(무관심)를 주는 것과 같다.

tip.5

대인관계의 질은 한 사람이 상대방에게 받는 피드백의 양과 질에 따라 달라진다.

피드백이 비판·학대적이라면 서로의 관계가 나빠지게 되고, 지지하는 피드백을 주고받으면 서로의 관계에 신뢰가 조금씩 쌓이게 된다.

LEADER'S PLAN

칭찬 기록지를 만들어 주기적으로 아래 질문에 답해보자.

Q. 내가 한 인정과 칭찬은 무엇이었고, 칭찬한 팀원의 어떤 행동을 강화했는가?

Q. 내가 받은 인정과 칭찬은 무엇이었고, 어떤 행동이 대상이었는가?

4장을 읽은 후, 아래 질문에 답해보자.

Q. 4장에서 기억에 남는 문장은 무엇인가?

Q. 그 문장이 기억에 남는 이유는 무엇인가?

Q. 실제로 적용할 수 있는 구체적인 Action Plan은 무엇인가?

"나의 일은 사람들을 다정하게 대하는 것이 아니다.
내 일은 나와 함께하는 위대한 사람들을 다그쳐서
그들이 한층 더 발전하도록 하는 것이다."

– 스티브 잡스(애플 前 CEO) –

5장

팀장을 위한
피드백의 모든 것

팀장을 위한 피드백의 모든 것

좋은 팀의 바탕은
심리적 안전감

조직에서 수평적 대화를 하려면, 구성원들이 높은 심리적 안전감을 느끼고 있어야 한다. 구성원들의 마음이 불안하다면 솔직하게 자신의 생각을 이야기하지 못하고, 겉도는 이야기를 하거나 아예 침묵하게 된다. 피드백을 받아들일 때도 마찬가지다. 있는 그대로 받는 게 아니라, 상대방의 피드백을 왜곡해서 이해하는 것이다. 결국 행동은 바꾸지도 못하고, 감정의 골만 깊어지기 쉽다.

명작 쏟아내는 픽사가 피드백을 나누는 방법

애니메이션 영화의 명가로 평가받는 픽사에는 어떤 조직문화가 있을까? 픽사의 CEO이자 월트 디즈니 애니메이션 스튜디오의 사장이었던 에드윈 캣멀은 동료의 재능을 더 조화롭게 할 방법으로 두 가지 행동을 했다.

먼저 에드윈 캣멀은 "내가 한 실수는…"이라는 말을 달고 다니며 자신의 실패를 구성원에게 솔직히 밝혔다. 이런 행동은 'CEO도 실수하는데, 나도 그럴 수 있다'는 생각을 구성원들이 갖는 것으로 이어졌다. '완벽해야 한다'는 중압감을 벗어나게 할 심리적 안전감의 밑바탕이 된 것이다.

또 하나는 수평적 대화를 위한 구조 설계였다. 그렇게 탄생한 게 '브레인 트러스트(Brain trust)'다. 스토리 트러스트(Story trust)라고 하기도 하는데, 제작 중인 작품의 진행 사항을 공유하고, 어려움을 해결하고자 아이디어를 나누는 소통의 장이었다. 문제 해결만을 중심에 놓고, 뒤끝 없이 솔직하게 서로의 지식과 경험·의견을 나누는 시간이었다. 이들이 진행하는 회의의 원칙은 간단했다.

• 지시 대신 아이디어

브레인 트러스트 안에서 참석자들은 두 부류로 나뉜다. 한 팀은 작품을 제작하는 감독과 그 팀이다. 이들은 회의에서 자신들이 지금까지 준비한 애니메이션의 현황을 공유하고, 이슈를 제시한다. 다른 한 팀은 피드백을 주는 팀으로, 다양한 지식과 의견을 전해줄 각 분야의 전문가들이다.

이 회의의 가장 큰 특징 중 하나는 회의의 리더가 없다는 것이다. 서로에게 어떤 지시도 하지 않고, 다양성을 존중하며 자신의 관점에서 아이디어를 내는 데 집중했다. 이때 영화를 만드는 감독은 모두의 의견을 반드시 따를 필요가 없었다. 참석자들은 하고 싶은 이야기를 자유롭게 했고, 결정은 감독의 몫으로 남겼다.

자연스럽게 감독은 그동안 생각하지 못한 새로운 관점을 받아들이는 것에 집중했다. 보통의 조직은 아이디어를 내면 그 아이디어가 옳은지, 왜 그렇게 생각하는지를 설명해야 한다. 하지만 픽사는 달랐다. 선택권은 감독에게 있으니 어떤 아이디어라도 두려워 않고 편하게 낼 수 있었다. 심지어 자신이 낸 의견이 채택되었다가 좋지 않은 결과로 이어져도 책임은 그 의견을 선택한 감독에게 있는 것이다.

• 모두의 목표는 오로지 '작품 성공'

브레인 트러스트는 결국 현재 닥친 이슈를 어떻게 해결하고, 어떻게 더 좋은 작품을 만들지 고민하는 자리였다. 작품의 성공이 조직과 서로가 성공하는 길이었고, 동료의 성공을 위해 자신의 시간을 투자하는 구조였다.

여기서 피드백을 하는 이유를 알 수 있다. 피드백은 불편한 마주침이다. 그럼에도 우리는 동료의 성장을 위해 피드백을 해야 한다. 동료가 성장하면 팀이 성장하고, 회사와 내가 성장한다는 믿음에서 시작해야 하는 것이다.

• 솔직함이 전부다

자신의 아이디어나 생각이 아닌, 다른 관점에서 제안을 받는 게 기분 좋은 경험은 아닐 것이다. 그래서 안 좋은 소리를 피하기 위해 진행 상황을 대충 얼버무릴 수도 있다. 그렇기에 픽사는 브레인 트러스트에서의 피드백을 제작팀과는 '다른 생각, 다른 의견'을 듣는 시간으로 정의했다. 반대가 아닌 다양한 관점이라는 인식을 심은 것이다. 참석자들은 이 회의를 통해 더 좋은 과정, 더 나은 결과를 만든다는 명확한 공감대를 갖고 있었다. 이 전제가 깔리자 이 회의에서 나오는 피드백은 개인에 대한 공격이 아닌, 작품에 기여하는 과정이 되었다.

감독과 작품의 성공에 도움이 되는 이야기를 한다는 점에서 각자의 고민을 숨길 이유가 없었다. 여기에 신뢰까지 쌓이면서 각자의 생각에 대해 더 솔직해질 수 있는 선순환이 일어났다.

• '더하기(Plusing, 플러싱)' 화법 활용

브레인 트러스트의 대화 방식은 바로 이것이다. 'Yes, and'. 즉 '의견 좋아요. 그리고 이런 건 어떤가요?'라는 화법이다. 동료의 아이디어를 '그거 아닌 거 같은데? 난 이게 더 좋은데?'와 같은 부정적 피드백이 아닌 긍정적인 말에 새 의견을 추가하는 방식이다. 이 방식은 디즈니의 〈겨울왕국〉의 탄생과도 연결이 되었다.

초기 〈겨울왕국〉의 스토리는 우리가 아는 것과 달랐다. 자매 중 동생 안나는 손대는 모든 것을 얼음으로 만드는 저주를 타고난 언니 엘사를 밀어내고 왕자와 결혼을 한 뒤 여왕 자리에 오른다. 여기에 엘사가 복수를 하는 내용이었다. 그러다 눈으로 만든 괴물이 나타나고 나라가 위기에 빠지자, 자매 둘이 화해를 하고 나라를 구하는 이야기였다. 참, 왕자가 심장이 얼어붙은 공주를 키스하며 깨우는 설정도 있었다고 한다.

이 스토리는 디즈니 내부 시사회에서 환영받지 못했다. 대신 이들은 브레인 트러스트 방식을 활용해 피드백 대화를 진행했다. 이때 겨울왕국의 공동 감독으로 합류한 제니퍼 리가 자신의 이야기를 꺼냈다. 평소 투닥거리던 언니와 있었던 일인데, 자신의 남자친구가 사고로 세상을 떠났을 때 언니가 자신을 위로하며 옆을 지켰다는 이야기였다. 그리고 회의 중 이런 제안이 나왔다. 현실적이지 않게 느껴지는 기존 스토리의 자매 이야기에 대해 연구를 해보자고. 결국 이 대화는 지금 우리가 아는 엘사와 안나 자매의 스토리로 발전했다.

팀장이 조직의 심리적 안전감을 고민해야 하는 이유

그렇다면 모든 조직이 브레인 트러스트 방식으로 회의를 한다면 성공할 수 있을까? 먼저 실패하는 이유는 명확하다. 의사결정권이 리더에게 있을 때와 다른 이의 의견에 부정적인 평가를 던질 때다. 과정에서의 잘못을 평가하는 조직문화와 리더십이 있다면 누군가 생각을 숨길 수 있다.

예를 들면 한 상품을 만드는 기획자, 마케터, 콘텐츠 제작자, 그리고 전체 총괄이 브레인 트러스트 회의를 한다면 누구에게 의사결정권이 있어야 할까? 이날 상품 방향을 소개한 기획자에게 있어야 한다. 마케터와 콘텐츠 제작자는 의견은 제안하되 결정권을 갖고 있진 않다. 팀장도 마찬가지다. 마찬가지로 브레인 트러스트 회의를 실패하는 조직에서는 담당자가 아닌, 팀장이 브레인 트러스트를 빙자한 컨설팅을 한다.

"해봤어?"

"내가 해봤는데 그건 힘들어."

"근거가 뭐야? 레퍼런스가 있나?"

어차피 답을 리더가 갖고 있는 경우라면, 누가 새롭고 다양한 의견을 내려 할까? 회의의 결말은 리더가 원하는 방식을 채택하는 것으로 끝나게 되고, 이는 실패로 이어질 수밖에 없다.

이런 실패 사례도 있다. 서로에게 면박을 주는 경우다. 다른 의견을 제시한 사람에게 공개적인 채널에서 "더 큰 그림을 그렸으면 좋겠네요. 내 말이 동의가 안 된다면 제대로 알지 못하는 거니깐 제일에 제안을 하지 마세요! 당신은 그냥 아는 척하는 수준이니까"라고 말하는 경우다. 이런 동료에게는 그 누구도 아이디어 또는 리스크를 발견해도 의견을 전달할 수 없다.

픽사가 브레인 트러스트를 성공적으로 적용할 수 있었던 배경을 다시 생각해보자. 이들은 의견을 내놓을 때 거절되거나 비판받지 않는다는 확신이 있었다. 여기서 우리는 조직이 심리적 안전감을 갖춰야 하는 이유를 확인할 수 있다.《두려움이 없는 조직》에 따르면 심리적 안전감은 '모든 구성원이 업무에 대해 자유롭게 자신의 의견을 공유할 수 있는 환경'이라고 소개한다. 말 그대로 두려움이 없는 조직이 되는 것이다. 이를 통해 개선점을 이해하고, 새로운 아이디어를 공유해 더 나은 의사결정을 하는 선순환 고리가 만들어진다.

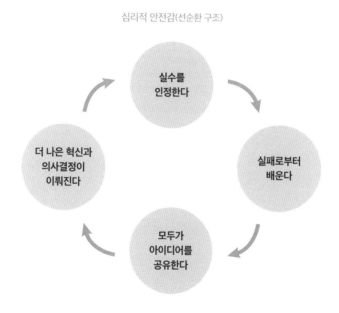

심리적 안전감(선순환 구조)

우리 팀에 브레인 트러스트를 적용할 수 있을까

그렇다면 높은 심리적 안전감을 형성하는 게 우리 조직에서 가능할까? 걱정이 밀려올 것이다. 그러나 분명히 성공하는 곳이 있다.

예를 들어 A사는 이어달리기를 하는 것처럼 일을 하던 조직이었다. 기획팀이 상품을 고민하면, 그다음 마케팅팀이 어떻게 팔지 생각하고, 콘텐츠팀의 영상 제작, 디자인팀의 이미지 준비, 세일즈팀의 판매 채널 확보가 순차적으로 이뤄졌다. 이렇게 일하다 보니 문제가 생겼다. 상품 기획에 대한 충분한 이해 없이 마케팅이 이뤄지니 완성된 상품이 마케팅 때 보이는 것과 차이가 있었다. 이 같은 문제를 타파하고자 이곳은 일하는 방식을 오케스트라처럼 바꾸기로 했다.

기획팀은 상품의 아이디어 단계부터 마케팅, 콘텐츠, 세일즈, CS, 디자인팀이 모인 자리에서 PT를 했다. 그 PT에서는 현재까지 고민하고 있는 상품의 방향, 고객의 니즈, 가격, 경쟁사 동향 등을 공유하고 고민하는 영역에 이슈를 제기했다. 그리고 정기적인 PT에서 각 팀의 의견을 받아 상품을 다양한 관점에서 개선했다. CS팀은 예상되는 고객의 불만 요소를 제시하며 기획 의도를 조정할 수 있게 도왔다. 콘텐츠와 마케팅팀은 고객에게 알릴 판매 포인트를 제안했고, 디자인팀에서는 트렌드에 맞는 규격을 역으로 기획팀에 제안하며 상품을 완성해 나갔다.

이렇게 브레인 트러스트 방식으로 소통하면서 기획팀 외의 팀들은 또 다른 성과를 얻었다. 상품의 의도와 전체 스케줄을 기획 단계에서부터 이해했고, 자신이 앞으로 무슨 일을 할지 예측하고 미리 준비할 수 있게 된 것이다. 자연스럽게 목표와 모든 일정은 하나로 연결되었다.

물론 다양한 의견을 받았기에 기획 단계서부터 아이디어가 거절

되는 경우도 늘었다. 한 팀에서 경쟁사 상품을 발견해 제작 중인 상품이 이를 뛰어넘지 못할 거라는 것을 확인해 프로젝트를 엎은 경우도 있었다. 하지만 궁극적으로 이 방식은 전 팀원에게 같은 목표를 심었고, 참여 과정을 만들었다는 긍정적인 효과를 낳았다. 결과에 대한 피드백이 아닌, 일하는 과정에서 피드백 프로세스가 작동한 결과다.

심리적 안전감을 높이려면?

그럼 우리 팀에 높은 심리적 안전감을 바탕으로 하는 브레인 트러스트를 적용할 수 있는 방법을 알아보자. 먼저 팀원 개인의 상황을 점검하는 게 필요하다. 《최고의 팀은 무엇이 다른가》에 나온 MIT 휴먼다이내믹스 연구소의 펜틀랜드 교수팀이 밝힌 팀의 성과를 측정하는 5가지 변수에 대한 이야기를 소개한다.

개인 관점에서 심리적 안전감을 주는 방법

① 구성원들이 비슷한 비중으로 발언과 청취를 분담한다.

② 동료와 자주 시선을 맞추며 대화와 제스처에 활력을 담는다.

③ 의사소통을 리더와의 대화로 한정하지 않고, 서로 직접 소통한다.

④ 팀 안에 별도의 대화 채널(회의·티타임·슬랙·식사·복도를 지나며 하는 수다 등)을 확보한다.

⑤ 주기적으로 휴식을 취한다. 팀 외부로 나가 활동하며, 팀에 복귀해 얻은 정보

를 나눈다. 대화를 일로만 여기지 말고, 관계를 형성하고 학습하는 시간을 가진다.

조직 전체적인 관점에서 심리적 안전감을 확립하는 방법도 있다. 《두려움 없는 조직》의 저자인 하버드 경영대학원 종신교수 에이미 에드먼슨이 제안한 방식이다.

조직 관점에서 심리적 안전감을 주는 방법

① 토대 만들기

실패를 용인하는 조직문화 토대를 만든다. 픽사처럼 리더가 먼저 자신의 부족함이나 실패를 공개적으로 인정하고, 구성원들에게 소개하는 것도 방법이다. 조직 관점에서 받아들일 수 있는 실패는 실수가 아니다. 어렵거나 복잡한 문제, 처음 시도하는 방식으로 문제에 도전했을 때의 실패를 받아들이는 것이다. 이때 새로운 영역의 도전은 실패해도 된다는 메시지를 전달하는 게 중요하다.

② 참여 유도하기

구성원들이 자신의 부족함을 인정하도록 독려하고, 그 부족함을 채우기 위해 배움의 시간을 갖도록 유도해야 한다. 심리적 안전감을 갖고 실패를 인정하면 어떤 현상이 일어날까? 구성원들이 자신의 실패를 드러내고, 자신이 몰랐던 걸 인정한다. 동료들에게 자신이 모르는 것을 물어보고, 도와달라 요청하기도 한다. 그렇게 각자 부족함을 인정하면서 서로를 통해 배우는 방향으로 행동한다. 조직도 실패에서 깨달은 걸 피드백하며 학습하게 된다. 그렇게 채운 역량은 성장으로, 성장은 성공으로 연결된다.

③ 생산적으로 반응하기

쉽게 말해 '리액션'이다. 2단계의 구성원들에게 긍정적인 리액션을 보내라는 것이다. 팀장과 반대되는 의견을 제시한 팀원에게 '미처 생각하지 못한 관점에서 의견을 줘서 고마워요.' '그 관점을 생각 못 했는데, 이야기해볼까?'와 같은 반응을 하는 것이다. 또 '지난번 제안한 의견 덕분에 우리가 더 나은 결과를 얻을 수 있었다'라는 감사 표현도 있다. 구성원이 제안한 의견을 반영하지 못했을 때는 '의견을 줘서 고마워요. 이번에는 그 의견을 반영하지 못했지만, 제안한 관점에 대해 더 생각해볼 수 있었다' '이번에 A님이 소중한 의견을 주셨다. 감사합니다'라고 할 수 있다.

나는 자신에게 피드백을 준 구성원에게 "제 인생에서 가장 도움이 된 피드백이었다"라고 이야기하는 CEO를 봤다. "직원들의 피드백을 계속 받아야 해요. 그 피드백이 전부 다 저를 위한 조언이잖아요"라는 진취적인 리더도 있었다. 리더급이 피드백에 생산적으로 반응할수록, 구성원은 심리적 안전감을 가지고 자신의 생각을 솔직하게 이야기할 수 있다.

피드백은 정답을 찾는 것이 아니다. 해결해야 하는 이슈나 목표에 대해 다양한 관점에서 문제를 바라보고, 각각의 다른 의견들을 공유하며 합의하는 과정이다. 목적은 단 하나, 미래의 목표를 달성하는 것이다. 이런 피드백을 잘하기 위한 전제 조건인 '심리적 안전감'에 대해 깊게 생각해보기를 권한다.

심리적 안전감과 업무 수행 기준으로 분류한 조직의 특성

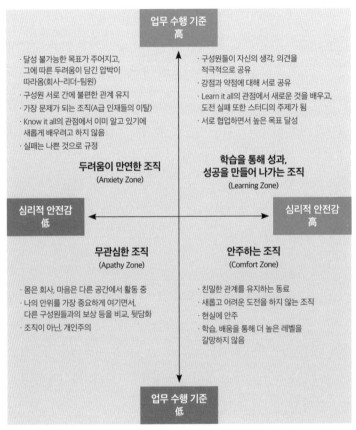

업무 수행 기준
高

· 달성 불가능한 목표가 주어지고,
  그에 따른 두려움이 담긴 압박이
  따라옴(회사-리더-팀원)
· 구성원 서로 간에 불편한 관계 유지
· 가장 문제가 되는 조직(A급 인재들의 이탈)
· Know it all의 관점에서 이미 알고 있기에
  새롭게 배우려고 하지 않음
· 실패는 나쁜 것으로 규정

· 구성원들이 자신의 생각, 의견을
  적극적으로 공유
· 강점과 약점에 대해 서로 공유
· Learn it all의 관점에서 새로운 것을 배우고,
  도전 실패 또한 스터디의 주제가 됨
· 서로 협업하면서 높은 목표 달성

두려움이 만연한 조직
(Anxiety Zone)

학습을 통해 성과,
성공을 만들어 나가는 조직
(Learning Zone)

심리적 안전감
低

심리적 안전감
高

무관심한 조직
(Apathy Zone)

안주하는 조직
(Comfort Zone)

· 몸은 회사, 마음은 다른 공간에서 활동 중
· 나의 안위를 가장 중요하게 여기면서,
  다른 구성원들과의 보상 등을 비교, 뒷담화
· 조직이 아닌, 개인주의

· 친밀한 관계를 유지하는 동료
· 새롭고 어려운 도전을 하지 않는 조직
· 현실에 안주
· 학습, 배움을 통해 더 높은 레벨을
  갈망하지 않음

업무 수행 기준
低

내용 출처 : 책 《두려움이 없는 조직》

문제를 해결하는 브레인 트러스트를 팀에 적용할 수 있는 방법을 찾아 아래 질문에 답해보자.

Q. 팀에서 브레인 트러스트를 적용할 수 있는 회의는 무엇이 있는가?

Q. 회의 때 참석자들에게 심리적 안전감을 갖게 할 방법은 무엇인가?

Q. 브레인 트러스트 회의를 할 참석자는 어떻게 구성하는가?

Q. 브레인 트러스트 회의를 통해 기대하는 효과는 무엇인가?

세계 최강 부대,
네이비씰처럼 업무 피드백하려면?

미국의 특수부대 네이비씰은 오사마 빈 라덴 생포 작전에 성공한 세계 최강 부대다. 이 작전을 수행할 때의 이야기가《최고의 팀은 무엇이 다른가?》에 나온다.

미국 국방부는 빈 라덴 작전을 앞두고 새롭게 개발된 스텔스 헬기 2대를 활용해 작전을 하라고 네이비씰에 지시했다. 하지만 스텔스 헬기의 실전 투입은 처음이었기에 네이비씰의 부대장은 작전에 투입되는 부대원들의 안전을 확보하기 위해 실전에서 검증되지 않은 스텔스 헬기를 이번 작전에서 활용하는 게 어렵다는 판단을 내렸다. 그래서 부대장은 국방부의 지시를 거부하겠다는 뜻까지 밝히는 강수를 뒀다.

하지만 결국 네이비씰은 상부의 지시를 따라 스텔스 헬기를 사용해서 작전을 진행해야 했다. 그리고 부대장의 우려대로 빈 라덴 생포 작전을 시작했을 때 스텔스 헬기 두 대 중 한 대는 빈 라덴 은신처 입구에서 추락했다. 상황실에서 버락 오바마 전 대통령을 비롯한 국방부 장관 등이 그 상황을 그대로 보고 있었다.

결론은 어땠을까? 네이비씰의 작전은 성공했다. 그것도 단 38분 만에. 그리고 미군은 단 한 명의 인명 피해도 입지 않았다.

네이비씰이 고수하는 규칙

스텔스 헬기라는 처음 활용하는 도구와 방식, 헬기 추락이라는 위험한 사고까지 벌어진 상황 속에서 네이비씰은 어떻게 완벽하게 작전을 성공할 수 있었을까? 그 비법은 AAR(After Action Review)에 있었다.

네이비씰은 매일 작전에 대한 다양한 상황 훈련을 진행한 것뿐만 아니라 훈련이 끝난 뒤 AAR 피드백 미팅을 한다. 모든 팀원이 과자와 생수를 가지고 모여 훈련에서 있었던 서로의 행동을 복기한다. 서로 훈련 속 행동의 이유를 묻고, 생각을 공유했다. 이렇게 솔직한 이야기를 나누다 보면 분위기가 험악해지면서 싸움이 날 수도 있다. 이를 막기 위해 팀원은 피드백 미팅 때 맥주나 술을 마시지 않고, 생수를 마셨다. 더 이성적인 상태에서 감정을 조절하기 위해서였다.

이때 중요한 원칙은 피드백에 민감하게 반응하지 않는 것이었다.

또 나쁜 것을 좋게 꾸미지 않고, 숨기지 않고, 사실만 말하고 공유했다. 작전을 준비하면서 수없이 반복했던 훈련에는 빈 라덴 생포작전 때 벌어진 헬기 추락이라는 경우의 수도 있었다. 그래서 실전에서 위험한 상황이 벌어졌을 때, 네이비씰의 모든 구성원은 훈련에서 한 것처럼 자신의 과업을 수행했다.

극한의 상황을 고려하는 모든 군대에도 이 같은 복기의 원칙이 있을 것이다. 하지만 네이비씰처럼 AAR을 잘할 수 있을지는 미지수다. 그 이유는 리더가 세운 조직 시스템에 따라 달라질 수 있기 때문이다. 이를 조직문화라고도 한다.

하나의 사례를 더 들어보겠다. 네이비씰과 또 다른 미군 특수부대인 델타포스가 함께 훈련을 한 적이 있었다. 이때 리더의 지휘 방식에서 두 부대의 차이가 극명하게 드러났다. 훈련하는 동안 착용하고 있었던 마이크 운영 방식부터 달랐다.

델타포스의 팀원은 끊임없이 리더에게 묻고, 보고하고, 리더의 지시를 받았다. 리더도 팀원에게 지시를 세세하게 내렸다. 반면 네이비씰의 리더는 훈련을 진행할 때 말이 없었다. 팀원들은 서로 눈빛과 동작을 공유하며 리더의 지시 없이 알아서 의사결정을 했다. 팀원들이 지금까지 쌓은 AAR과 팀 훈련의 영향으로 서로가 어떻게 행동할지를 이해했기 때문이다. 훈련 후에 진행하는 미팅에서 솔직하게 나눈 피드백들이 이렇게 서로의 역량과 행동을 신뢰하며 일할 수 있는 배경으로 작용했다. 물론 이 미팅의 근간에는 심리적 안전감도 있었다.

과거를 돌아보는 피드백 미팅, AAR

이제 AAR 피드백 미팅을 어떻게 하는지 알아보자. AAR(After Action Review)은 단어의 뜻대로 과거 행동을 다시 돌아보는 것이다. 목표한 것과 현재의 결과를 보면서 어떤 일이 왜 일어났고, 어떻게 더 나아질 수 있는지 분석하며 회고하는 것이다. AAR을 하기 위한 질문은 다음과 같다.

AAR(After Action Review) - 과거 목표에 대해 평가하는 질문

얻고자 하는 것은? (목표)	• 목표는 무엇이었나? • 나는(우리 팀은) OO 기간 동안 구체적으로 무엇을 달성하기로 합의했었나?
현재 얻은 것은? (결과)	• (현재) 목표 대비 달성한 값은 얼마인가? ① 결과값 이외에 예기치 못한 성공, 실패 사례 등 모든 결과값을 가능한 기록·노출 ② 내가 하기로 했는데 못한 것, 내가 통제하지 못한 환경적 요소를 각각 나눠서 표현 ③ 이 중에서 예기치 않은 성공과 실패는 무엇이고, 결과에 어떤 영향을 주었는지 확인
차이는 무엇인가? 차이가 난 원인은?	• 목표와 현재까지의 달성값의 차이는 얼마인가?(+결과 또는 -결과) • 초과 달성했다면, 그 원인은 무엇인가?(핵심 원인 2~3가지) 아직 부족하다면, 그 원인은 무엇인가?(핵심 원인 2~3가지)
계속해야 할 것은? (& 유지할 것)	• 성공 원인 중 다음에도 계속해야 할 구체적인 액션은 무엇인가?
보완해야 할 것은? (& 버려야 할 것)	• 실패 원인 중 수정하거나, 하지 말아야 할 액션은 무엇인가?

먼저 처음 세운 목표와 방향성을 기준으로 어떤 결과를 얻었는지 살펴본다. 목표 달성 또는 미달이라는 둘 중 하나의 결과가 나오겠지만, 이때 구체적으로 차이의 원인을 파악하고 분석해야 한다. 개별 액션 플랜을 피드백하는 것이다. 각각의 액션 플랜 중 계속해야 할 것과 개선하거나 제거해야 하는 것을 데이터 중심으로 피드백한다. 잘하고 있는 건 계속하고 개선해야 할 점은 조금 다른 방식으로 시도해볼 수 있도록 새로운 AAP도 계획해야 한다.

가장 중요한 피드백 중 하나는 결과 중 예상하지 못한 성공과 실패 요소를 구분해야 한다는 것이다. 피드백은 계획한 액션 플랜 중 잘한 것과 개선할 것을 구분한다. 그런데 예기치 않은 성공과 실패는 사전 계획에 없었던 우리가 몰랐던 것들이다. 그런 성공과 실패 요소를 찾아 다음 계획에 반영하는 것이 AAR의 핵심 역할 중 하나다. 예기치 않은 성공, 실패를 찾은 만큼 다음에 더 나은 계획을 추가할 수 있기 때문이다.

마이크로소프트는 왜
'피드백'이라는 말을 버렸을까?

글로벌 기업 마이크로소프트가 '피드백' 때문에 출렁인 적이 있다. 2000년부터 2010년대 초반까지 팽배했던 부서 간 이기주의인 '사일로 효과(Silo effect: 내부 조직과의 정보 교환 부족 상황. 회사 내 다른 조직 구성원 간의 상호작용을 제한해 생산성 저하)'로 구성원들이 동료와 타 부서원을 경쟁자로 인식하며 적대시하던 때였다.

마이크로소프트 초대 CEO인 빌 게이츠의 뒤를 이어 2000년 CEO가 된 스티브 발머는 회사의 평가 방식을 내부 경쟁을 부추기는 피드백 방식인 '스택 랭킹 시스템'으로 정했다. 이는 GE가 고안한 방식으로 당시 잘나가는 기업들이 사용한 평가 제도였다. 모든 직원을 1등부터 꼴찌까지 줄을 세운 뒤 저성과자는 해고, 고성과자에게는 포상을 하는 방식이었다. 상대평가였던 이 시스템에서는 최고의 팀이라 하더라도 팀원 누군가는 최하위가 되어야만 했다.

이런 평가 방식은 '나만 잘 되면 된다'는 마인드와 행동으로 이어졌고, 동료와의 협업도 사라졌다. 자신의 평가 등급이 떨어질까 동료를 칭찬하거나 아이디어를 보태지도 않았다. 내가 일을 잘해서가 아닌, 동료의 실패로 상대적인 보상을 받는 시스템으로 여겨졌기 때문이었다. 개인 평가도 매출액 같은 숫자로 판단되었기에 단기 성과에만 집중하는 분위기였다. 새로운 도전도 사라졌다. 내가 잘 모르거나 복잡한 것은 실패할 가능성이 컸기에 시도할 필요가 없었다. 자연스레 회사도 하향세를 그렸다.

하지만 2014년 이후 마이크로소프트의 조직문화는 글로벌 기업들이 모두 배우려 하는 케이스가 되었다. 이런 변화를 만든 사람은 사티아 나델라 마이크로소프트 CEO이다.

'피드백'이란 표현을 버리고 얻은 성과는?

스티브 발머의 뒤를 이어 CEO가 된 사티아 나델라는 스택 랭킹 시스템을 없애고, 절대 평가를 도입했다. 개인의 성장에 초점을 맞춘 질적 평가를 하기 시작한 것이다. 팀장이 팀원들을 타 팀원들과 비교하지 않도록 팀원 각각을 과거보다 성장했는지 평가하되, 같은 프로젝트를 하는 팀원이 모두 뛰어나면 보상도 똑같이 분배할 수 있는 권한을 팀장에게 줬다. 협업을 독려하고자 평가 요소에 '동료와의 관계'도 포함했다. 그 결과 팀원들은 성과를 이야기할 때 동료와 어떻게 의견을 나누고, 서로가 어떤 업무에 어떤 기여했는지 말해야 했다.

나델라의 행보는 조직 내 더 나은 피드백 시스템으로 이어졌다. 평가 시스템을 뜯어고치면서 그는 '피드백'이라는 단어를 없앴다. 피드백이라는 단어가 부정적인 인식을 줄 수 있다는 이유였다. 대신 '관점(Perspective)'이라는 표현을 사용했다. 관점은 팀장이 팀원을 평가하는 기존의 미팅이 아닌 서로의 생각을 공유하는 대화를 통해 구성원의 성장과 성공을 돕는 코칭으로 인식하게 하는 토대가 되었다.

팀장과 팀원의 미팅은 '커넥트(Connects)' 시스템이라고도 했는데, 1년에 최소 3~4번은 팀장과 팀원이 일대일 면담을 진행하게 했다. 이때 팀장은 팀원 각 개인 업무의 우선순위를 같이 고민하고, 구체적인 목표를 합의한다. 업무에서 잘한 것과 못한 것뿐 아니라 직무기술서에 나와 있는 개인의 업무 레벨에 대해서도 이야기를 나눴다. 이전보다 업무 수준이 얼마나 성장했는지, 더 성장하기 위해 어떤 경험과 역량, 스킬을 향상시켜야 하는지를 서로 합의하는 것이다.

또 팀장은 팀원의 성장·성공을 위해 무엇을 해결해주거나, 도와줄 것이 있는지 이야기를 나누었다. 자연스럽게 이 시간은 평가를 전달받는 시간이 아닌, 업무를 얼마나 잘 수행했고 성장했는지를 이야기하는 시간이 되었다. 팀원의 성장을 도우면서 다음 목표를 고민하는 시간이었기에 부족한 걸 물어봐도 실수한 점을 숨기지 않고 이야기할 수 있었다.

이 움직임은 사내 마인드셋을 바꾸는 효과를 가져왔다. '고정 마인드셋(Fixed mind-set)'에서 '성장 마인드셋(Growth mind-set)'으로 변화가 이루어진 것이다. 팀원들은 서로에게 아이디어를 주며 팀을 이뤄 배움을 쌓아갔다. 새로운 도전에 나서기를 두려워하지 않았고, 자신의 부족함과 실패를 드러내는 데에도 어려움이 없었다. 결국 마이크로소프트는 다시 성장하는 방향으로 전환하는 데 성공하며 전 세계적으로 최고의 개발자들을 보유한 글로벌 기업이 되었다.

업무 피드백을 '피드업'하게 하는 기술

마이크로소프트가 피드백에 대한 관점을 바꿔서 재도약에 성공한 것처럼, 피드백 시스템을 조직에 제대로 적용하는 건 중요하다. 우리는 피드백을 어떻게 활용할 수 있을까? "앞으로 피드백이라는 단어를 쓰지 말자"고 하면 분위기가 더 나아질까? 그렇지는 않을 것이다. 마이크로소프트 역시 피드백이라는 표현을 바꾸는 상징적인 변화와 함께 대대적인 시스템 개선도 진행했다.

조직의 업무 방식을 개선하고 싶다면 마이크로소프트처럼 성공적인 업무 피드백을 할 수 있는 방식을 제안하고자 한다. 바로 앞에서 설명한 AAR(After Action Review)과 AAP(After Action Plan)에 대한 이야기다. 두 개의 방식은 계속 순환하며 피드백을 넘어 목표를 향해 '피드업'하는 구조를 가지고 있다.

먼저 업무 피드백을 위해 하나의 기준이 되는 시점을 잡아야 한다. 그 시점을 기준으로 업무의 미래 목표와 계획을 세우고, 실행을 한다. 그다음으로 과거 계획을 돌아보며 잘한 것과 개선할 점을 찾는 작업이 이어진다. 그리고 미래 목표를 달성할 수 있도록 잘한 것은 계속 잘하도록, 개선할 점은 보강해서 계획을 다시 세우는 행동을 무한 반복한다.

AAP와 AAR을 활용한 '업무 피드백' 단계

① 목표와 계획을 구체적으로 측정 가능하게 세운다.

② 목표를 기준으로 우리의 현재 상태, 리소스 등을 확인한다.

③ 목표 − 현재 = 갭(Gap). 이 차이를 좁힐 다양한 액션 플랜(Action plan)을 세우고 실행한다.

④ 나온 결과물을 바탕으로 AAR 피드백을 진행한다.

⑤ AAR이 끝나면 다시 AAP 질문을 통해 새로운 목표와 계획을 설정한다.

미래를 계획하는 피드백 미팅, AAP

AAP는 미래에 우리가 달성해야 하는 목표를 정하고, 이를 어떻게 달성할지 구체적인 행동을 계획하는 것이다. 5가지의 대표 질문이 있다.

여기서 목표와 방향성은 피드백의 전제라고 보면 된다. 목표는

AAP(After Action Plan) - 미래 목표를 달성하는 방법을 찾는 질문

얻고자 하는 것은? (목표)	• 목표는 무엇인가? • 나는(우리 팀은) OO 기간 동안 구체적으로 무엇을 달성하기로 합의했나?
현재의 모습은? (AAR, 현재 상황· 문제 인식, 리소스 확인)	• 목표 대비 현재 나의 모습은 얼마인가? ① AAR을 통해 현재까지 달성한 값은 무엇인가? ② 목표를 달성하기 위해 남은 목표와 현재값 사이의 차이(Gap)는 무엇인가? ③ 목표 달성에 방해가 되는 장애물은? 해결해야 할 이슈는 무엇인가?
최적의 대안은 무엇인가? (다양한 대안 + 우선순위)	• 목표를 달성하기 위해 내가 선택할 수 있는 가능한 모든 대안을 나열해보자. (리소스가 충분하고, 장애물이 없다는 전제) • 모든 대안 중 가장 중요한 우선순위 대안을 3가지 내외로 정리한다. (내가 실행 가능한 대안과 리소스를 고려하지 않은 가장 효과가 큰 대안)
해야 할 행동은 무엇인가? (유지/추가/ 수정할 것)	• 즉시 실행할 수 있는 구체적인 계획을 세우고, 리더와 동료의 도움이 필요한 부분을 기록한다. (혼자 하기 또는 팀으로 함께 협업하기, 성과 내는 데 필요한 리소스 지원 요청 및 합의) • 정리한 액션들을 어떻게 하면 잘 실행할 수 있을지 계획한다. (누가 할 것인가?, 언제까지 할 것인가?, 동기부여와 의지는?)
피드백 방법은 무엇인가? (과정/결과의 피드백)	• 실행 과정에서 잘하고 있는지를 판단할 수 있는 기준을 정해보자. • 결과와 과정을 통해 얻을 수 있는 지식과 경험은 무엇인가? (다른 동료들에게 어떻게 공유할 수 있을까? 어떻게 확산을 할까?)

측정 가능하고, 구체적이어야 한다. 신제품을 론칭할 때는 '6개월 판매량 1만 건' 등의 수치로 목표를 세우면 좋다. 이어 이 목표를 위

해 현재 어떤 자원을 가지고 있고, 과거 비슷한 사례에서 어떤 과정과 결과가 있었는지, 문제가 무엇인지 파악해야 한다.

그다음 선택 가능한 다양한 방안과 가설을 세운 뒤 최적의 대안에 자원(돈, 사람, 시간 등)을 집중한다. 현재 세운 목표를 실행할 수 있는 담당자를 파악하고, 목표를 이루기 위해 어떤 일을 먼저 진행할지 우선순위를 세워야 한다. 실행하는 과정에서 반복적인 그룹 미팅을 통해 피드백을 해야 한다. 피드백을 해야 하는 시기와 방법도 미리 세워야 하는데, 이때 세운 액션 플랜이 잘 진행되고 있는지 계속 공유하고 데이터를 바탕으로 토론하며 리뷰해야 한다.

AAR과 AAP의 '무한 루프' 속 갖춰야 할 자세

• 즉시 피드백이 필요하다

정기적으로 하는 평가 피드백이 아닌 이상, 업무 피드백이라면 프로젝트가 끝난 뒤 즉시 해야 하고, 팀원 개별 피드백이라면 행동이 관찰된 그 시점에 바로 피드백을 해야 한다. 그 시기가 미뤄지면 사실이 왜곡되거나 행동이나 근거가 아닌, 생각과 감정이 포함될 수도 있어서 객관적인 행동과 근거가 있는 시점에 즉시 피드백을 해야 한다.

• 팩트 중심의 피드백을 해야 한다

감정이 피드백을 방해하지 않도록 정확한 데이터나 근거를 중심으로 피드백을 해야 한다. 물론 근거가 없는 상황을 피드백해야 하는 애매모호한 상황이 있다. 그럴 때는 정답을 정해두지 말고, 피드백 참여자 모두 충분히 자신의 생각과 의견을 이야기하고, 긍정적으로 토론하며 고객과 회사 관점에서 어떤 손익이 있는지 피드백하길 제안한다.

또 하나 중요한 건 리더가 처음부터 판단하고 평가하는 발언을 하면 안 된다는 것이다. 가장 중립적인 표현을 사용하며 구성원들이 충분히 피드백을 주고받을 수 있도록 하고, 마지막에 리더가 이야기를 하자.

• 과거가 아닌 미래에 초점을 두고 피드백을 해야 한다

AAR을 할 때 가장 많이 하는 실수가 바로 과거에 매몰되는 것이다. 제대로 하지 못한 것, 실수한 것에만 초점을 맞추면 부정적인 결론만 남고, 잘 못했다고 자책하면서 에너지도 소진된다. 피드백의 목적은 지속적인 성장이고, 미래 목표를 향해 가는 것이다. 과거는 돌아가고 싶어도 돌아갈 수 없다. 우리가 할 것은 AAR 피드백을 통해 잘한 것과 개선할 점을 찾고, 미래 목표를 달성할 AAP, 피드포워드로 향하는 것이다.

마이크로소프트는 과거 피드백 방식을 평가와 보상의 관점으로 활용했다면, 이를 바꾼 다음에는 구성원 양성과 학습의 관점으로 바라봤다. 목표 달성과 행동의 변화로 성장하며 벌어진 성패 사례

를 모든 직원이 공유하며 다음 단계로 나아가는 것이다. 조직에서 우리가 AAR과 AAP를 해야 하는 이유다.

만약 당신이 속한 조직의 업무 피드백 방식이 정립되지 않았다면, AAR과 AAP 방식으로 피드백을 해보는 건 어떨까? 측정 가능한 목표나 가설이 없고, 성공을 해도 성공의 이유를 알 수 없다면 더 나은 성공을 이끌어낼 수 없다. 현재 조직 안에서 정리해야 할 프로젝트, 또는 계획 중인 프로젝트가 있다면 팀 안에서 AAR·AAP 선순환을 만들길 바란다.

실무에서 사용하는 다양한 피드백 방법

실제 비즈니스 현장에서 우리는 수시로 피드백을 주고받는다. 여러 피드백 방법이 언제 어떻게 사용되는지 알고 적절하게 활용해 보자.

다른 관점이 필요할 때, 토스

토스(Toss, 전달하기) 방식은 단어 그대로 과업을 실행한 팀원 A가 자신의 생각과 의견을 다른 팀원 B에게 전달하면 B가 생각을 반영해 수정안을 정하는 것이다. 그냥 진행하는 대화와 무슨 차이가 있는 걸까? 이 방식은 피드백의 주도권에 따라 2가지 관점으로 볼 수 있다.

한 가지는 A가 다른 관점이 필요할 때 B의 의견을 들어 확인하는 것이고, 다른 하나는 B가 의사결정권자이거나 더 많은 지식과 경험을 가지고 있을 때 사용한다. 첫 번째 상황은 "B, 내가 이렇게 정리했는데, 의견을 주실 수 있을까요?"라고 동료에게 자문을 구하는 형태다. 두 번째 상황은 "내가 이렇게 정리했는데 B의 컨펌(확인) 부탁드립니다"며 의사결정을 넘기는 매우 익숙한 형태다.

이런 방식은 언제, 어떻게 도움이 될까? 혼자서 일하는 사람들이 다른 관점으로 내 문제를 봐야 할 때 필요하다. 예를 들어 보고서를 작성했을 때 보통은 혼자 작성을 한다. 그런데 이 보고서의 수준을 더 올리고 싶다면 다른 시선으로 보고서를 보는 관점을 공유받으면 된다. 이렇게 다양한 관점이 필요할 때 토스 방식을 사용하면 좋다.

우선순위와 다양한 대안을 찾고 싶을 때, 서베이

고객의 필요를 파악하기 위해 자주 사용하는 서베이(Survey, 조사하기)는 피드백 도구로도 활용된다. 고객에게는 상품과 서비스에 대한 피드백을 받을 수 있고, 팀원에게는 만족도 조사로 이용할 수 있다. 갤럽에서는 직원의 업무 몰입도 진단으로 서베이를 활용하기도 한다. 구성원이 과업에 몰입하는지, 동료들에게 긍정적인 에너지를 주는지, 몰입을 방해하는 환경과 리더십, 조직문화에 대한 조사를 한다. 서베이 결과로 조직과 리더가 현재 잘하는 점은 'Do list'를, 개선할 점은 'Don't list'로 만들 수 있다.

이렇게 서베이로 피드백을 할 때 2가지 장점을 누릴 수 있다. 하나는 우선순위를 고를 수 있다는 것이다. 서베이를 통해 구한 평균보다 낮은 점수를 받은 부분을 문제 해결의 우선순위로 삼을 수 있다. 또 다른 하나는 다양한 대안을 설문을 통해 받을 수 있다는 것이다. 전에 소개한 AAR 방법 중 '최대한 많은 대안을 찾아보기'가 있다. 이때 서베이를 활용하면 깊이는 조금 얕을 수 있지만, 생각하지 못했던 다양한 도움을 얻을 수 있다.

빠른 협업이 필요할 때, 데일리 스크럼 미팅

데일리 스크럼 미팅(Daily Scrum Meeting, 가벼운 회의)은 애자일 조직에서 자주 하는 미팅 방식이다. 오전 근무를 시작할 때 팀이 모여 약 15분 동안 공동의 목표를 중심으로 진행 상황과 이슈를 공유하는 스탠드업 미팅이다. 매일 아침 정해진 시간에 모여 각자 돌아가며 어제 한 일, 오늘 할 일, 우리의 목표까지 딱 3가지만 얘기한다. 한 사람이 이야기하는 시간은 고작 1분 정도밖에 되지 않는다.

전체 과업의 진행 사항을 보거나, 병목을 찾아내기 위해 이야기 나눈 내용을 토대로 업무별 담당자와 하고 있는 일, 지원 요청할 것들, 완료한 일의 구역을 나누고 항목별로 포스트잇을 붙이는 방법을 사용해도 좋다. 짧은 시간 안에 공동 목표에 대한 진척도와 서로의 과업을 공유하면서 협업에 방해되는 요소를 줄일 수 있다. 만약 사무실에 화이트보드 등이 있다면 프로세스에 따른 항목을 만들고

거기에 진행 상황 등을 공유할 수도 있다. 이를 통해 초점을 가지고 일을 하면서 서로의 문제에 대해 조금은 더 솔직하게 이야기 나누고, 함께 해결할 수 있지 않을까?

팀원과 인사 이상의 대화를 하고 싶을 때, 수시 피드백

내가 자주 사용하는 방식으로 팀장이 시간을 정하지 않고 수시로 하는 피드백도 있다. 예를 들면 복도에서 마주쳤을 때 5~10분 정도 대화하며 팀원의 행동 변화를 지속적으로 도울 수 있다. 수시 피드백에서 문제를 이야기할 때에도 방법이 있다.

먼저 구체적인 이슈와 상황을 제시하면서 질문을 해야 한다. "지난번에 하기로 했었던 프로젝트가 진척이 잘 안 되고 있는 것 같아요. 혹시 어떤 문제가 있나요?"라고 리더가 물어보는 것이다. 그리고 질문을 받은 팀원이 스스로 이상적인 결과와 현재의 모습을 비교하면서 그 과정에서의 장애 요소를 찾을 수 있도록 도와야 한다.

"만약 그 문제가 우리가 논의했던 대로 진행되었다면 지금 어디까지 진척이 되어 있어야 하나요?" "계획대로 되지 않은 문제는 파악을 했나요? 지금 생각하는 장애요소는 무엇이에요?"라고 말이다. 다만 이때 팀원이 압박을 느끼지 않는 태도로 접근하는 것이 필요하다.

마지막으로 찾은 장애 요소를 없앨 아이디어를 찾을 때 브레인스토밍을 통해 빠르게 대안을 찾는다. "다른 팀에서는 B 방법을 시

도했다고 하는데, 그쪽 이야기 한번 들어볼까요?"처럼 생각나는 아
이디어를 계속 꺼내며 괜찮은 액션 플랜을 바로 계획하는 것이다.
그리고 즉시 실행하도록 격려를 해주며 미팅을 마무리할 수 있다.

한눈에 보는 '수시 피드백'

1. **문제 제기**	상대에게 구체적인 사례와 관련 배경을 언급하며 당면한 이슈 또는 문제를 설명 하도록 한다(이슈 제기를 리더가 먼저 하는 방법). **ex.** 요즘 A 프로젝트 진도가 잘 안 나가던데 무슨 문제가 있나요? 　　지난번에 이야기 나눈 B 프로젝트 진행 사항을 알려주세요.
2. **이상적인 결과**	이상적인 모습일 경우 어떤 결과가 예상되는지 팀원 스스로 이야기하도록 한다. 즉, 문제가 해결된다면 어떤 모습일지 구체적으로 그려보도록 한다. **ex.** 계획대로 진행된다면 어떤 모습이어야 하나요? 　　이상적인 모습과 지금 다른 점은 무엇인가요? 　　(이때는 구체적 대안을 찾기보다 아이디어만 메모하는 정도로 이야기한다)
3. **장애 요소**	1번과 2번 사이의 모든 장애물을 이야기하도록 질문한다. 구성원의 관점에서는 스킬과 지식, 동기와 태도, 리소스 등을 나누고 외부 관점 에서는 협업과 의사결정에 대한 것들이 있다. **ex.** 계획대로 되지 않는 원인에 대해 생각해봤나요? 　　무엇이 해결되면 문제가 없었을까요? 통제 불가능한 원인은 무엇인가요?
4. **브레인 스토밍**	3번의 장애 요소를 극복할 방법과 대안을 찾고자 브레인스토밍을 진행한다. 접 근법과 행동, 타이밍 등을 함께 합의한다. **ex.** 지금 이야기한 원인을 해결하려면 어떻게 해야 할까요? 　　자신이 해야 할 것과 리더가 해야 할 것, 동료가 해야 할 것을 나눌 수 있을까요? 　　시간을 단축하려면 어떤 도움이 필요한가요?

리모트 근무가 잦은 조직에서의 피드백은?

재택근무 형태가 많아지고 있는 요즘에는 수시 피드백을 어떻게

해야 하는지 고민할 수 있다. 우선 수시 피드백에서 중요한 건 시간과 장소가 아닌, 평상시 팀원에게 충분한 관심을 가지고 작은 말 한마디라도 건네며 친밀감을 쌓는 것이다. 이 방법을 화상으로 일대일 면담을 하는 방식으로 풀 수 있다.

그런데 리모트 상황에서의 인정, 칭찬, 피드백은 차이가 있을까? 나는 큰 차이를 느끼지 못했다. 대신 리모트 근무를 할 때에는 좀 더 자주, 좀 더 가볍게, 좀 더 구체적으로 소통을 이어가는 것을 추천한다. 화상 통화, 전화와 슬랙 등의 문자, 이메일 등 하나의 방식이 아닌 다양한 방식으로 자주, 더 가볍게 소통하는 것이다. 리모트 근무를 할 때면 더 많은 이모티콘으로 관심을 표현해주는 동료가 있었고, 자주 카톡과 슬랙으로 '뭐해요? 잘 지내요?'라며 뜬금없는 인사를 전하는 팀장, 그리고 '요즘 어려운 건 없나?'라며 좀 더 적극적으로 소통을 이어가려는 팀장들이 있었다. 물론 정답은 없다. 이상황에서 가장 좋은 결과를 내는 소통 방식을 찾아가는 것이 중요하다. 실제로 나와 코칭 대화를 나누는 대기업 3년 차 임원 B의 이야기를 소개한다.

그동안 피드백을 할 때 제 역할은 티칭(teaching), 코칭(coaching), 어드바이징(advising) 이렇게 3가지였습니다. 그런데 재택근무 장기화로 이를 제대로 할 수 없어 답답했고 걱정이 되었습니다. 직원들이 직무 레벨에 따라 다음 단계로 성장하기 위한 정량·정성적 역량을 다듬을 기회를 놓친다고 봤기 때문입니다. 당장은 재택근무로 몸과 마음이 편할 수 있지만, 리더의 코칭과 피드백을 통한 성장 기회를 얻지 못해 장기적으로는 기회비용을 잃을 수 있다고 생각했습니다.

그렇다고 손놓고 있을 수는 없었고, 지금 내가 할 수 있는 일을 찾아야 했습니다. 많은 사람들이 '디지털 리더십'이 필요하다고 말하는 이때, 정답을 정확히 알지는 못하지만 구성원의 소속감과 성취감이 느슨해지지 않게 하는 방법을 시도하고 있습니다. 먼저 메신저로 각 직원에게 세심하고 명확한 피드백을 전하면서 개선 방향에 대한 코칭을 했습니다. 잘하고 있는 것에 대한 인정과 고마움의 표현도 평소보다 더 자주 했습니다. 과거에는 피드백을 전하기만 했다면, 지금은 직원들의 생각을 먼저 물어봅니다. 그리고 그들의 이야기를 토대로 제 생각을 전합니다. 당장 내가 할 수 있는 일을 찾은 것입니다.

팀원을 물리적으로 만나지 못하는 날이 더 많아지면서 팀장은 자신의 리더십에 대해 스스로 피드백을 해야 한다. 자신의 행동부터 바꿔야 한다. B 임원이 자기만의 방법을 찾아가는 것처럼, 내 눈앞에서 일하는 모습을 볼 수 있었던 시대의 피드백과 내 눈앞에서 보이지 않는 팀원을 피드백하는 것을 다르게 해야 한다. 나는 다음과 같은 3가지 원칙을 제안하고 싶다.

1. 다양한 채널과 소통 방식에 적응한다

기존의 피드백은 대면으로 하는 경우가 많이 있었다. 물론 이게 가장 효과적인 메시지 전달법이다. 지금은 도구가 다양해졌다. 슬랙이나 잔디와 같은 소통 도구를 활용해 짧게 피드백하거나, 전화나 줌·행아웃과 같은 화상 회의를 할 수도 있다. 사실 화상 회의는 2000년대 초반부터 스카이프라는 도구를 활용해 할 수 있었다. 하지만 그렇게 활발히 쓰이진 않았는데, 리더들이 이걸 쓰는 걸 불편해했기 때문이다. 변화를 거부하던 리더가 이제는 빠르게 변하지 않으면 생존하기 어려운 시대가 되었다.

또 다른 방법으로는 화상 회의를 할 때 구글 스프레드시트나 노선을 띄워놓고, 팀원들이 동시에 의견을 입력하며 같은 시트에서 각자의 피드백을 주고받는 방법도 있다. 브레인 라이팅(Brain writing)이라는 퍼실리테이션 기법을 온라인상에서 적용하는 것이다. 말과 글이 함께 어우러지고 서로의 생각을 더해가며 더 정확하고 다양한 메시지를 전달할 수 있다.

2. 피드백 루틴을 고정화한다

피드백 루틴을 고정화하지 않으면 얼굴을 보지 못하는 상황에서 팀원들이 돌발 메시지에 당황할 수 있다. 그래서 미팅을 예측할 수 있게 해주는 게 중요하다. 이 루틴은 일간(Daily), 주간(Weekly), 월간(Monthly)으로 나눌 수 있다. 일간 피드백은 오전 스크럼 미팅을 통해 할 수 있다. 오전에 출근했을 때 팀원 모두가 모여 자신이 어제 했었던 결과물을 알려주고, 오늘 집중할 과업을 소개한다. 원격 근무를 할 때는 화상으로 모두 모여 15분 회의를 하는 방식이나 정해진 시간에 슬랙이나 잔디와 같은 팀 채널에 각자 어제 수행한 과업과 오늘 해야 할 일(To do list)을 정리하는 방식이 있다.

주간 피드백은 월요일 업무를 시작하기 전, 각자 한 주의 예정 사항과 예상되는 결과물을 공유한다. 주요 협업 사항도 이때 공유가 된다. 금요일 업무를 마감하기 전에는 자신이 하기로 했던 계획의 결과물을 확인하고 공유한다. 이때 팀장은 팀 전체 피드백뿐 아니라, 개별 팀원과 온라인상에서 일대일 피드백을 주 1~2회 정도 고정화하면 더 구체적인 피드백을 주고받을 수 있다.

월간 피드백은 분기나 반기 목표 대비 한 달의 결과를 공유하고, AAR을 간단하게 하는 방식으로 진행할 수 있다. 이때 팀원 전체가 자신의 지난 한 달 과업의 피드백을 서로 공유하며 인정·칭찬과 함께 피드백을 주고받는 것이 중요하다. 동시에 팀장은 팀의 과업을 모아 그의 상사인 본부장이나 리더와의 소통도 진행하면 좋다. 우리 팀이 어떤 부분에 집중하고 있고, 팀의 우선순위가 사업 전체 우선순위와 어떻게 연결되어 있는지를 보여줄 수 있기 때문이다.

실제 일간, 주간, 월간 피드백 미팅을 한 팀들은 리모트 근무가 끝난 이후로도 이런 소통 방식을 활용하고는 한다. 이유는 단 하나다. 더 많이 소통하면서 얻는 이득이 더 크기 때문이다.

3. 결과 중심으로 피드백한다

지지적·발전적 피드백을 이야기할 때 결과보다 과정과 행동 중심의 피드백이 중요하다고 말했었다. 팀원이 어떻게 일하는지, 어떤 강점과 약점을 활용하고 있는지 볼 수 있을 때 유용한 피드백이다. 이 역시 원격근무 상황에서는 하기 어렵다. 그래서 비대면 상황에서는 이런 피드백 질문을 자주 하면 좋다.

"현재 과업을 수행하는 데 어려움이 있나요? 어떤 문제를 해결해주면 조금 더 과업을 잘할 수 있나요? 현재 어떤 방식으로 과업을 수행하고 있나요?"

내가 직접 보는 것이 아니라, 팀원의 불편함을 그에게 듣고 해결해주는 것이다. 이를 바탕으로 팀원의 결과물이 자신이 기대한 수준이 되는지를 피드백해줘야 한다. 이때 반복적으로 결과물의 수준이 부족한 팀원에 대해서는 개별적으로 시간을 더 사용해 그 원인을 찾고, 부족한 부분을 채울 수 있도록 실시간 피드백을 진행하는 게 좋다.

모든 피드백을 팀장이 다 하지 않아도 된다. 특히 신입사원, 주니어 팀원의 경우 모든 피드백을 팀장 혼자서 할 수 없다. 이때 시니어 또는 역량이 높은 직원과 신입·주니어 팀원을 일대일로 연결해 도제식 피드백을 주도록 하는 방법도 유용하다. 가르치는 사람은 누군가에게 설명하고 가르치면서 더 배울 수 있고 자부심도 얻을 수 있다. 배우는 사람은 더 자주, 다양하고 구체적인 피드백을 받을 수 있다.

팀장은 자신의 시간을 효율적으로 사용하면서 시니어에게 주니어의 현재 모습을 피드백 받으며 더 구체적인 성장 방향을 제시할 수 있다. 구성원끼리 서로 가르치고 배우는 시스템을 구축하면서 학습 문화를 만들고, 이를 통해 리더가 중요한 일에 더 집중할 수 있는 '일석삼조'의 전략이 되는 것이다.

이럴 때는 이렇게,
피드백 A to Z

이렇게 피드백 방식을 공부하며 고개를 끄덕여도 실천하기는 참 어렵다. 마치 깊게 뿌리내린 습관과도 같다. 지금 한번 팔짱을 껴보자. 어떤 팔이 위로 올라오는가? 지금의 팔짱을 기억하면서 이번에는 팔을 반대로 껴보자. 잘 안 되는 분도 있고, 못하는 분도 있을 것이다.

왜 그럴까? 우리는 팔짱을 끼는 것마저도 익숙한 방식으로만 한다. 한 번은 왼쪽으로, 다음번에는 오른쪽으로 끼지 않는다는 말이다. 피드백도 마찬가지다. 이처럼 이미 나에게 익숙한 방식을 바꾸는 건 쉽지 않다. 사소한 행동 하나를 바꾸는 데도 인내하고 반복하면서 어떻게 바꿀지 계획해야 한다. 나를 고쳐 쓰는 과정이 필요하다.

내가 피드백을 코칭한 많은 리더들도 이런 과정을 거쳤다. 행동을 바꾸는 것이 너무 힘들어서 포기한 팀장도 있었고, 적당한 선에서 타협을 한 팀장도 있다. 반면 어떤 팀장은 익숙해질 때까지 집요하게 행동을 바꾸고, 하나가 바뀌면 또 다른 행동을 바꾸려고 노력하기도 했다. 이런 과정에서 사람, 상황별로 다양한 고민이 나왔다. 이 중 자주 나오는 질문들을 하나씩 살펴보자.

Q. 피드백 받는 것이 너무 힘들다는 팀원, 칭찬만 해줘야 하는 걸까?

부족한 점에 대한 것이나 발전적인 피드백을 받을 때 특히 힘들어하는 구성원이 있다. 그렇다고 칭찬만 해서는 안 된다. 누구나 좋은 말만 듣고 싶고, 부정적인 피드백은 피하려고 한다. 나 역시 코칭과 강의를 한 뒤에 받는 발전적 피드백은 소화하기 힘든다.

하지만 서로를 배려하는 차원에서 피드백을 하지 않는 건 성장하지 말라는 뜻과 같다. 그래서 피드백을 힘들어하는 팀원을 대하는 팀장에게 나는 "먼저 다가가라"고 조언한다. 이때 피드백을 하는 이유가 평가만을 전제한 것이 아니라는 걸 알려줘야 한다. 평가는 과거의 나를 다양한 사람들이 다양한 관점에서 바라본 것이고, 미래에 더 성장하기 위해 잘하는 부분과 개선점을 찾는 것이라고 설명해야 한다.

피드백은 당연히 부담스러운 것이기에 팀원이 부담스러워할 거라는 것을 이해해야 한다. 동시에 피드백은 모두가 성장을 위해 반드시 경험해야 하는 '당연한 것'이라는 걸 지속적으로 설명하는 것이 필요하다. 또 모든 피드백을 다 받아들이라는 것이 아니라 받아들일 수 있는 부분만 인정하고, 한 가지라도 변화를 주면서 성장하는지를 확인해보자라고 제안하는 것도 좋다. 단계별로 피드백을 소화하는 것이다.

혹시라도 솔직한 피드백을 주고받는 문화 자체가 조직에 자리 잡지 않은 것이라면 앞서 소개한 팀의 '심리적 안전감'을 확인해보자. 먼저 팀원이 편하게 자기 피드백을 받아볼 수 있는 것이 중요하다. 정서적으로 힘들어하는 구성원에게 심리적 안전감을 줄 수 있도록 관심을 지속적으로 표현하는 것도 도움이 된다.

팀장이 피드백을 회피하는 것은 구성원의 성장 기회를 박탈하는 것이다. 그리고 피드백 받는 것을 회피하는 팀원에게는 성장의 기

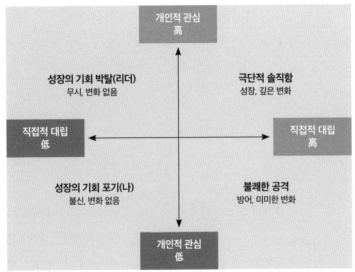

©책《실리콘밸리의 팀장들》

리더의 피드백 4분면

회를 포기하는 것이라는 점을 알려줘야 한다.

Q. 평가 결과가 반복해서 낮게 나오는 팀원에게 어떻게 이야기할까?

반복해서 낮은 평가를 받은 구성원에게 피드백을 하는 목적은 근본적으로 그의 일하는 방식이나 행동을 바꿔서 성과를 내게 하고, 그 결과로 평가를 높이는 것이다. 그래서 나는 솔직하게 이야기하는 것을 제안한다.

"이번 평가는 어떻게 생각해요? 지난 평가에서도 좋지 않은 평가를 받았어요. 개선할 수 있는 기회를 회사나 팀장인 내가 주지 못했다면 이는 회사와 저의 책임이에요. 하지만 개선할 여지를 줬고, 중간에 다양한 관점에서 피드백을 드렸는데도 변화가 없었다면 그것은 본인의 잘못이라고 생각해요. 이 관점에서 오늘 이야기를 나눴으면 좋겠습니다."

반복해서 평가가 낮은 팀원에게는 피드백 한 번으로 해결되지 않은 문제들이 있을 것이다. 그래서 이들과 피드백 대화를 한다면 나는 미팅 한 번으로 끝내지 말고, 일주일에 1~2번 정도 피드백 미팅을 이어가면 좋겠다고 제안한다. 미팅이 끝날 쯤에는 과제를 주고, 그것을 더 생각해 오도록 하는 것이다. 다음에 성장하고, 이를 바탕으로 좋은 평가를 받을 수 있도록 무엇을 개선해야 할지 구체적으로 고민하게 만드는 것이다. 만약 혼자서 못 찾겠다고 하면 팀장이 함께 고민하거나, 조언을 줄 수 있는 다른 선배나 동료를 연결할 수 있다. 도움이 되는 책이나 콘텐츠를 제안해 다른 관점에서 생각하도록 자극할 수도 있다. 결론적으로 얻어야 하는 것은 '일하는 방식을 어떻게 바꿀 것인가'다.

성과가 나지 않는 팀원이 안타깝게 보일 수도 있지만 반대로 생각을 해보자. 만약 성과가 나지 않는 팀원의 자리에 일을 잘하는 다른 팀원을 배치한다면 팀의 성과와 평가는 어떻게 될까? 냉정해 보이지만 나는 팀장이라면 반복해서 성과가 나지 않는 팀원을 걱정하기보다 그로 인해 더 많은 성과를 낼 수 있는 기회를 놓치고 있는 다른 동료들을 안타깝게 생각하는 것이 필요하다고 생각한다.

Q. 자기 확신이 너무 강해서 잘못한 걸 인정하지 않는 팀원에게 어떻게 피드백해야 할까?

팀원이 자기 확신이 강한 경우에서는 2가지 원인을 찾을 수 있다. 하나는 목표가 명확하지 않을 때다. "나는 잘했다. 실수한 적 없이 완료했다"라고 말하는 경우다. 이때의 문제는 구체적이지 않은 목표다. 그래서 피드백을 제대로 하려면 '목표를 명확히 정의하고 합의'해야 한다. 회사와 리더가 기대하는 모습을 명확하게 전해야 한다. 다른 하나는 팀원 수준에 비해 낮은 목표를 가지고 있는 경우다. 이때는 간단하게 레벨에 맞는 목표를 부여하면 된다.

예를 들어 CS 업무에서 단 한 건의 클레임도 없었다고 자신하는 5년 차 직원에게 피드백을 해야 하는 상황이라고 가정해보자. 물론 이 직원은 한 건의 클레임도 받지 않았다. 하지만 비슷한 레벨의 다른 팀원들은 하루에 100건의 클레임을 처리하는 동안 50건의 클레임만 처리했다. 동료와 비교해 업무 실행률이 50퍼센트밖에 안 된 것이다. 만약 그의 업무 실행력을 높이고 싶다면, 이렇게 이야기해 보면 어떨까?

"3년 차 때부터 CS 클레임이 한 건도 없었던 건 잘하고 있는 부분이라고 생각합니다. 각 상황에 맞는 대처를 했다는 걸 알고 있어요. 그런데 동료 5년 차 직원들은 하루 평균 100건의 클레임을 처리하는데, 그에 비해 절반 수준만 하고 있다는 것도 알고 있나요? 나는 개선점으로 하루 80건 이상을 다루면서 지금처럼 퍼포먼스를 낼 수 있도록 그동안의 사례들을 시스템화하면 좋을 것 같아요."

이 상황 외에도 팀원이 자신의 문제를 받아들이지 못하는 경우가 의외로 많다. 팀원이 스스로 생각할 수 있게 돕고, 팀장은 개선할 방법을 제시해 그의 성장을 돕는 질문을 해야 한다. 이에 대한 도움이 될 수 있도록 지각을 자주 하는 팀원을 가정해 질문을 정리했다.

자신의 문제를 받아들이지 못하는 팀원에게 할 수 있는 질문
→ 관점을 자신이 아닌, 동료나 팀장의 입장에서 생각해보도록 질문한다.

Q1. 지각이 반복될 경우 발생하는 문제는 무엇이 있을까?

Q2. ○○이 반복적으로 지각을 했을 때 같은 직무를 수행하는 다른 팀원에게는 어떤 어려움이 생길까?

Q3. 지각이 반복되면서 지난주에는 협력사와의 미팅에 늦기도 했다. 팀장인 제 입장에서 그 문제를 해결하려면 어떻게 행동해야 할까?

Q4. 5~10분 정도 늦는 지각은 어떻게 보면 ○○에게 작은 일일 수 있다. 하지만 주변 동료들에게는 업무를 더 잘하는 데 어려움을 주는 문제가 되기도 한다. 왜 지각하는지 먼저 원인을 찾아보는 건 어떨까?

Q. 겉으로는 티나지 않는데 팀원-팀원 또는 팀원-팀장 사이의 갈등을 조장하는 팀원에게 어떤 피드백을 해야 할까?

사실 갈등을 조장하는 팀원은 조직에서 가장 피해야 하는 인원이다. 심지어 퍼포먼스가 좋고 성과를 내더라도 나는 가능하면 잘 헤어지는 방법을 택하라고 이야기한다. 개인의 성과 크기보다 조직 전체에 부정적인 에너지를 주면서 전체의 성과를 깎는 것이 더 크기 때문이다. 이런 경우 구체적으로 어떤 행동을 하면서 갈등을 조장하는지 파악할 필요가 있다. 어떤 상황에서 어떤 말과 행동을 했는지, 그 말과 행동을 통해 어떤 동료가 감정적 피해를 봤는지, 이런 행동이 얼마나 반복되고 있는지 등에 대해 알아야 한다.

이때는 다른 사람의 다양한 관점 중 반복되는 내용을 모아 전달하는 360도 동료(Peer) 피드백을 받아보면 이런 문제를 발견할 수 있다. 많은 동료들이 공통적으로 지적한 행동을 알 수 있기 때문이다. 하지만 의심만 가지고서는 피드백을 할 수 없기에 더 관심을 가지고 관찰하면서 면밀하게 정보를 찾는 것이 가장 중요하다. 이때 절대 하지 말아야 하는 말은 "○○○이라는 소문이 있던데"라고 넘겨짚는 표현이다.

Q. 성장보다 편안함에 안주하려는 팀원에게 어떤 이야기를 해줄 수 있을까?

현재보다 미래를 보고 일해야 한다는 점을 강조하며 질문을 해보자.

"지금까지 더 나아질 수 있도록 제안한 피드백을 받고도 무엇인가 배우거나 변화하려고 노력하지 않고 있습니다. 만약 지금처럼 일하는 방식이나 행동의 변화가 따라오지 못한다면 1년, 3년 후에는 어떤 모습이 되어 있을 것 같나요? 그 사이 조직과 팀은 얼마나 성장해 있을까요? 동료들은요? 그 모습을 보면 스스로 만족할 수 있을까요?"

그럼에도 해당 팀원이 현재에 안주하려는 태도를 취한다면 이렇게도 이야기할 수 있을 것이다.

"회사와 팀장인 나는 성장하지 않는 동료와 함께 오랜 시간을 함께할 수 없다고 생각해요. 더 나은 사람이 되고, 더 높은 목표를 달성하기 위해 나에게 동기를 부여하는 동료와 함께하고 싶고, 나 또한 그런 동료가 되고 싶습니다. 이 관점에 대해 지금이 아닌 1년, 3년 뒤의 미래를 생각해보고 저와 같이 고민했으면 좋겠습니다."

Q. 칭찬과 수정사항을 번갈아서 하는 샌드위치 피드백은 듣는 사람이 혼란에 빠질 수 있다고 하는데, 정말 하지 말아야 할까?

많은 리더가 '샌드위치 피드백'에 대한 오해를 갖고 있다. 칭찬-개선사항-칭찬을 번갈아 하는 것을 '샌드위치 피드백'이라고 부르는데, 이게 혼란을 줄 수 있다는 것이다. 물론 지지적·발전적 피드백을 동시에 하면 전달하고 싶은 메시지를 피드백 받는 사람이 정확하게 이해하지 못할 수 있다는 우려는 맞다. 하지만 샌드위치 피드백이 필요한 때도 있다.

바로 정기적인 평가 피드백 미팅이다. 평가 피드백 미팅은 보통 6개월 혹은 1년에 한 번 진행된다. 이때는 그 기간 동안 구성원이 진행한 과업에 대한 모든 피드백을 정리하는 '종합적 미팅'이 된다. 그래서 평가 피드백을 할 때는 칭찬할 점과 개선하면 좋을 점을 명확히 구분해서 각각 전달해야 한다.

일반적으로 인정·칭찬, 또는 피드백 한 가지만 전달할 때는 10~20분 정도의 시간이 소요되지만, 이렇게 종합 피드백 미팅을 진행할 때는 최소 1시간 30분 이상의 시간을 잡는 것이 좋다. 피드백과 함께 향후 개선사항, 팀장이 지원할 것까지도 이야기를 나눠야 하기 때문이다. 그래서 내가 사용하는 정기 피드백 미팅 양식도 샌드위치 피드백 형식으로 되어 있다.

반면 수시로 하는 피드백은 하나의 메시지만 전달해야 한다. 칭찬을 한다면 칭찬으로만 끝내야 한다. 예를 들어 매일 지각하던 팀원이 오늘은 일찍 출근했다. "일찍 오셨네요. 잘 하셨다"라는 메시지로 끝내야 한다. "매일 늦더니, 오늘은 일찍 오셨네요. 웬일인가요?"라는 식의 화법은 비꼬는 것처럼 들릴 수 있다. 만약 그 구성원의 지각을 고치길 원한다면 "요즘 매일 늦으시네요. 무슨 일이 있나요? 우리 출근 시간은 9시니 제시간에 맞춰서 출근해주세요"라는 식으로 앞뒤 수식어를 빼고 명확하게 메시지를 전해야 한다.

Q. 심리적 안전감이 낮은 조직에서는 동료 평가를 어떻게 해야 할까?
심리적 안전감이 낮은 조직에서는 당장 솔직한 피드백을 하기보다 안전감을 쌓을 수 있는 시간을 주기적으로 가지라고 제안하고 싶다. 안전감이 낮을 때의 피드백은 총과 칼처럼 사람의 마음에 상처를 주는 무기가 될 수 있다. 아무리 좋은 의도라고 해도 받아들이는 사람이 이를 자신을 공격하는 무기로 오해할 수 있다.

이때는 조직의 리더와 HR 담당 팀에서 먼저 피드백 문화를 적용해야 하는 이유, 이를 통해 우리가 얻을 수 있는 유익, 피드백을 하지 않았을 때 생길 수 있는 정체 등을 계속 설명하는 것이 필요하다. 또 리더부터 피드백 대상이 되면서 자신의 변화를 공유하는 것이 도움이 된다.

Q. CEO도 피드백을 받아야 할까?

조직의 모든 구성원이 피드백을 주고받지만 가장 중요한 한 사람이 빠져 있는 경우가 있다. 바로 최고경영자, CEO다. 많은 CEO들이 하는 실수 중 하나가 정작 본인은 그 누구에게도 피드백을 받지 않는다는 것이다. CEO도 피드백이 필요할까? 나는 단언한다. CEO도 성장하려면 피드백을 받아야 한다고.

CEO는 누구에게, 어떻게 피드백을 받아야 할까? 가장 좋은 건 조직 구성원들과 CEO 피드백을 정기적으로 진행하는 것이다. 만약 CEO를 피드백할 수 있는 코치가 있다면 한 달에 한 번씩 피드백 미팅을 하도록 시간을 고정하는 것도 추천한다. 이때 코치는 구성원들의 솔직한 의견을 익명 설문이나, 인터뷰를 통해 CEO에게 전달한다. 그리고 피드백 대화를 진행한다. 가끔 회의에 관찰자로 동석하거나 CEO와 함께 일정을 소화하면서 피드백을 주는 경우도 있다.

　수평적 조직이라면 매니저·팀장 등의 직원이 CEO에게 직접 지지적·발전적 피드백을 주는 것도 도움이 된다. 만약 구성원들이 CEO에게 솔직하게 이야기하지 못하는 조직문화가 있다면 익명으로 피드백을 전달하거나 3개월 또는 6개월에 한 번씩 내부나 외부 팀을 활용해서 전 직원 대상으로 조직 몰입도를 설문해 진단하고 그 결과 나타난 조직의 강점과 약점을 CEO에게 전달할 피드백 메시지로 활용하는 것도 좋다.

　그리고 CEO도 인정과 칭찬을 받고 싶은 '사람'이다. 잘하는 것에 대해서도 아낌없이 칭찬하길 바란다. 나는 진실한 인정·칭찬이 CEO가 더 즐겁게 회사와 직원들을 위해 일할 수 있게 하는 힘이 된다고 말한다. 이때 아부와 칭찬은 조금 다르다. 구체적인 행동을 포함한 것이면 칭찬, 빠져 있다면 아부로 구별하면 된다.

　1년 넘게 나와 정기적인 피드백 미팅을 하는 CEO는 피드백에 대해 이렇게 말한다. "저 잘 되라고 직원들이 피드백을 해주는 건데, 쓴소리도 들어야죠. 계속 내가 행동을 바꿀 수 있도록 다그쳐주세요"라고. 이 CEO는 1년 넘게 구성원들의 피드백을 듣고 주간회의 PT, 인정·칭찬을 더 자주 하기, 주요 숫자와 KPI에 대한 이해 높이기 등의 행동을 개선했다.

회사마다 상황이 다르기 때문에 상황마다 다른 피드백을 적용해야 한다. 이에 대한 도움이 될 수 있도록 구성원과 피드백 미팅을 진행하는 프로세스를 한눈에 볼 수 있는 표를 다음에 넣었다. 피드백 미팅에 들어갈 때 기억해야 할 것을 자주 잊는다면 도움이 될 수 있을 것이다.

참, 가능하다면 꼭 권하고 싶은 행동이 있다. 팀장이라면 팀원이 기대한 것보다 3배의 리소스를 투자해보라는 것이다. 예를 들어 팀원이 팀장과의 미팅 한 번을 기대했다면, 세 번의 미팅으로 도움을 주자. 업무에 도움이 되는 책을 선물하고, 참고할 자료를 주고, 지식을 학습할 수 있는 교육이나 전문가를 연결해주는 것도 좋다.

얼마나 진심으로 팀원을 지원했는지에 따라 팀원이 팀장에게 보여주는 태도와 퍼포먼스가 달라진다. 심지어는 팀원이 팀장을 롤 모델로 인정하기까지 한다. 즉, 팀원이 팀장을 지지하는 팔로워가 되어 팀장의 성공을 응원하게 되고, 팀장에 대한 긍정적 메시지를 외부에 알린다. 쉽게 말해 "우리 팀장 좋다"고 자랑하게 되는 것이다.

정기 평가 피드백 양식

시작	① 라포 (Rapprot, 친해지는 시간)	- 면담을 시작할 때 바로 피드백 본론으로 들어가지 말고 편한 이야기, 관심을 두고 있는 이야기로 시작 - 커피나 음료를 마시며 대화하는 것도 좋음
본론	② 인정, 격려, 칭찬하기	- 구체적으로 행동과 결과에 대해 인정, 칭찬, 격려함 - 작은 변화가 이미 시작되었다면 그건 더 칭찬 [인정, 격려, 칭찬할 내용 Memo]
	③ 피드백에 대한 개인의 의견 묻기	Q. OO님은 피드백을 보면서 어떤 생각이 들었어요? [개인의 의견, 느낌 Memo]
	④ 부족한 점, 개선할 점 묻기 & 변화 방향 합의하기	Q. 피드백을 통해서 혹시 개선할 점에 대해 고민해본 것 있나요? Q. 완벽하게 하기보다 할 수 있는 것 한 가지라도 개선하는 것이 좋을 것 같아요. 하나를 고른다면 어떤 걸 고르겠어요? (tip. 발전적 피드백을 받기 어려워하는 분이 있다면, 피드백을 주는 분이 먼저 자신의 약점을 이야기하고 어떤 걸 고치려고 다짐했다는 점을 이야기하면 도움이 됩니다) [개인의 의견 Memo]
마무리	⑤ 피드백 미팅 평가	- 이날 미팅에 대한 소감과 평가를 듣는 질문 Q. 첫 피드백 미팅 어려웠을 텐데 솔직하게 이야기해줘서 정말 고마워요. 혹시 오늘 미팅이 어떤 도움이 되었는지, 또는 다음에 어떤 보완을 하면 좋을지 이야기해줄 수 있을까요?
	⑥ 마무리 질문	- 팀원에게 마지막 발언을 할 기회를 주기 Q. 마지막으로 하고 싶거나 준비한 이야기가 있는데 못한 것이 있다면 무엇이든 이야기해주세요. 피드백에 대한 것이든, 업무나 제안 모두 좋습니다.
	⑦ 인사	- 마지막 격려와 감사 표현을 하며 인사 Q. 오늘 미팅 감사해요. 앞으로도 OO님이 잘하는 부분이 더 드러나고 인정을 받았으면 좋겠어요. 개선해야겠다고 결심한 것도 좋은 결과로 이어졌으면 합니다. 제가 도움드릴 부분이 있다면 언제든 이야기해주세요!

5장을 읽은 후, 아래 질문에 답해보자.

Q. 5장에서 기억에 남는 문장은 무엇인가?

Q. 그 문장이 기억에 남는 이유는 무엇인가?

Q. 실제로 적용할 수 있는 구체적인 Action Plan은 무엇인가?

팀장이 성공해야 회사가 성공하고, 팀원이 성장한다

팀장이라고 처음 불린 날을 떠올리면 승진 소식에 사람들의 축하는 이어지는데, 당장 나를 기다리는 팀원들에게 어떻게 입을 떼야 할지 몰라 망설인 모습이 기억난다. 뭐라도 해보려고 리더십 책을 읽어보고, 선배들의 조언을 구하러 다닌 기억도 난다. 지금 이 책을 읽는 당신도 나와 비슷한 모습이지 않을까 싶다.

우선 성공하는 팀장이 되기 위해 노력하려 했다는 것만으로도 박수를 쳐드리고 싶다. 많은 팀장들이 좋은 리더가 되기 위해 노력한다고 말은 하지만, 실제로 리더십을 배우기 위해 시간을 투자하는 경우는 많지 않다. 리더십 공부에 나선 것은 마라톤과 같은 장거리 달리기를 제대로 완주하기 위해 규칙과 코스, 환경을 미리 알고 준비하는 것과 비슷하다.

그렇게 달리기를 위한 준비를 하다 보면 우리는 자연스럽게 레이스에서 1등이 되는 것부터 떠올린다. 하지만 성공하는 팀장으로 성장할 때의 목표도 '1등을 해야 한다'로 세울 필요가 있을까? 긴 달리기의 목표를 1등이 아니라, 함께 달리는 동료들과 즐겁게 완주하는 것으로 바꾼다면 어떨까? 오르막이 나타나면 잠시 걷기도 하고, 동료들과 물을 마시며 목도 축이고, 풍경이 좋은 곳에서는 함께 주변을 돌아보며 사진도 찍는 것이다. 그래서 나는 팀원인 동료들과 함께 잘 달리는 팀장이 되는 방법을 강조한다.

이런 목표를 품고 부지런히 달린 분이라면 언젠가 팀원으로부터 "팀장님처럼 되고 싶다"라는 뿌듯한 이야기를 들었을 수도 있다. 나 역시 이 말을 들은 때가 일하면서 가장 의미가 있었던 순간 중 하나였다.

나도 팀원과 함께 달리기를 완주하는 팀장이 되기로 결심하면서부터 태도를 바꿔야 했다. 팀원들의 이야기를 끝까지 듣기 위해 경청했고, 각자가 가진 강점과 약점을 찾아 어떻게 활용할지 고민했다. 또 직장 안팎에서의 꿈을 격려하며 팀원들과 '성공을 위한 수다'를 나눴다. 그런 노력이 쌓인 뒤, 회사를 옮기며 새로운 도전을 할 때는 "당신과 함께여서 행복했다"는 이야기를 들을 수 있었고, 나 역시 팀원들에게 같은 이야기를 전했다. 나는 팀장이 된 당신이 팀원, 후배들로부터 "함께해서 행복하다" "닮고 싶다"는 이야기를 듣는 사람이 되었으면 한다. 그 하나의 목표를 향해 강의를 하고, 지금 이 글을 쓰고 있기도 한다.

리더는 타고나는 것이 아니라 만들어진다고 이야기한다. 그런데 알아야 할 것이 있다. 이 책에서 말한 스킬이나 툴, 방법론들을 이해하고 사용할 수 있다고 모두 좋은 리더가 되는 것은 아니다. 오히려 지금까지 책을 통해 말한 스킬은 모두 잊어도 된다. 중요한 건 나만의 리더십, 바로 나만의 긍정적 영향력을 행사하는 나만의 방법을 찾아 행동으로 보여주는 것이다.

리더가 되기 위해서 가장 먼저 해야 하는 것은 '내가 리더라는 것을 인지하는 것'이다. 즉, 팀장이라는 자리가 주는 무게를 스스로 인지하는 것이 먼저라는 의미다. 그리고 '나는 어떤 사람인가?'에 대한 고찰과 인지, '우리 팀에게 주어진 목표' 그리고 '함께하는 팀원들에 대한 인지'를 거쳐 '어떤 팀장이 될 것인가?'에 대한 정의가 필요하다. 나머지는 팀장으로서 나의 행동을 정하고, 실행하고, 피드백하면서 팀장이라는 무게를 짊어질 수 있는가를 검증해 나가는 과정일 뿐이라고 생각한다.

세상의 모든 팀장이 성공할 수도 없고, 모든 팀장이 정답이라고 이야기할 수도 없다. 하지만 분명한 것은 '팀장'이라는 직책과 '나'와 '팀원'이라는 구성원에 대한 고민을 통해 우리는 조금 더 나은 팀장을 향해 걸어갈 수 있다는 것이다.

그렇게 세상의 모든 팀장들이 조금씩 성장하는 모습을 기대한다.

LEADER'S PLAN

책을 모두 읽은 후, 아래 질문에 답해보자.

Q. 내가 생각하는 이상적인 팀장의 모습은 무엇인가?

Q. 목표로 하는 팀장이 되기 위해 계속 해야 할 행동은 무엇인가?

Q. 목표로 하는 팀장이 되기 위해 노력해야 할 행동은 무엇인가?

요즘 팀장은 이렇게 일합니다

초판 1쇄 2021년 7월 1일
　　9쇄 2024년 1월 8일

지은이 | 백종화

발행인 | 박장희
부문대표 | 정철근
제작총괄 | 이정아
편집장 | 조한별
책임편집 | 최민경

디자인 | 김윤남

발행처 | 중앙일보에스(주)
주소 | (03909) 서울시 마포구 상암산로 48-6
등록 | 2008년 1월 25일 제2014-000178호
문의 | jbooks@joongang.co.kr
홈페이지 | jbooks.joins.com
네이버 포스트 | post.naver.com/joongangbooks
인스타그램 | @j__books

ⓒ 백종화, 2021

ISBN 978-89-278-1239-5　03320

folin.co
지식콘텐츠 플랫폼 폴인

중앙북스는 중앙일보에스(주)의 단행본 출판 브랜드입니다.